KEN E. BOLA

LA FRÉQUENCE PROPHÉTIQUE

KEN E. BOLA

LA FRÉQUENCE PROPHÉTIQUE

Invitation à la dimension supérieure

Éditions Croix du Salut

Imprint

Any brand names and product names mentioned in this book are subject to trademark, brand or patent protection and are trademarks or registered trademarks of their respective holders. The use of brand names, product names, common names, trade names, product descriptions etc. even without a particular marking in this work is in no way to be construed to mean that such names may be regarded as unrestricted in respect of trademark and brand protection legislation and could thus be used by anyone.

Cover image: www.ingimage.com

Publisher:
Éditions Croix du Salut
is a trademark of
Dodo Books Indian Ocean Ltd. and OmniScriptum S.R.L publishing group

120 High Road, East Finchley, London, N2 9ED, United Kingdom
Str. Armeneasca 28/1, office 1, Chisinau MD-2012, Republic of Moldova, Europe
Managing Directors: Ieva Konstantinova, Victoria Ursu
info@omniscriptum.com

Printed at: see last page
ISBN: 978-613-7-37429-0

Isamuel3:3 - 9

8L'Eternel appela de nouveau Samuel, pour la troisième fois. Et Samuel se leva, alla vers Eli, et dit: Me voici, car tu m'as appelé. Eli comprit que c'était l'Eternel qui appelait l'enfant,9et il dit à Samuel: Va, couche-toi; et si l'on t'appelle, tu diras: Parle, Eternel, car ton serviteur écoute.

Actes 2 : 10

10Or, il y avait à Damas un disciple nommé Ananias. Le Seigneur lui dit dans une vision: Ananias! Il répondit: Me voici, Seigneur! 11Et le Seigneur lui dit: Lève-toi, va dans la rue qu'on appelle la droite, et cherche, dans la maison de Judas, un nommé Saul de Tarse.

Isamuel 9 : 16

15Or, un jour avant que Sauel vint, l'Eternel avait averti Samuel, disant: 16Demain, à cette heure, je t'enverrai un homme du pays de Benjamin, et tu l'oindras pour etre prince sur mon peuple Israel

Le prophétique est la participation de la conscience de l'homme dans l'omniprésence de Dieu pour faire connaître aux hommes le conseil divin.   – Prophète Ken E. Bola

La fréquence est une connectivité d'esprit , un courant navigatoire du domaine prophétique.

 – Rev. Pasteur Ezechiel D. Lumeka

La fréquence est un facteur respiratoire de la transmission d'un message. – Prophète Tychique Nsumbu

AVANT-PROPOS

La fréquence prophétique évoque une dimension spirituelle fascinante, où la connexion entre l'être humain et le cosmos atteint une harmonie souvent inaudible. Cette fréquence, qu'on pourrait définir comme un courant navigatoire de l'esprit, agit comme un code subtil, permettant d'accéder à des vérités invisibles. À l'instar d'une onde sonore, elle se manifeste dans notre existence quotidienne, influençant pensées, émotions et comportements.

Dans de nombreuses traditions spirituelles, la notion de fréquence est centrale. La méditation, par exemple, vise à synchroniser notre conscience avec des vibrations élevées, facilitant ainsi la réception de messages universels. Ce processus demande un certain lâcher-prise, permettant à l'individu de se libérer des entraves de la rationalité et des préoccupations terrestres. L'élévation spirituelle devient alors une pratique régulière, une manière de surfer sur les vagues de cette fréquence prophétique.

L'analogie de la respiration est également pertinente ici. Tout comme l'air circule librement dans nos poumons, permettant la vie, la fréquence prophétique exige une ouverture et une receptivité de notre part. Nous devons apprendre à écouter le murmure des intuitions, à ressentir les énergies environnantes. Chaque instant devient une opportunité d'alignement, une invitation à s'accorder aux vibrations du monde.

Cependant, il est essentiel de reconnaître les limites de notre compréhension. La quête de cette fréquence doit s'accompagner d'humilité, car les vérités que nous pouvons percevoir ne sont qu'un échantillon de l'infini. Ainsi, embrasser la fréquence prophétique devient une voie de transformation personnelle, révélant notre place dans l'univers tout en élargissant notre conscience vers une interconnectivité plus profonde. Au final, la véritable prophétie réside dans notre capacité à percevoir et à vivre cette harmonie.

La fréquence prophétique peut être comprise comme une forme d'orientation spirituelle, un guide indispensable sur le chemin de la vie intérieure. Dans un monde rempli de distractions et de turbulences, la capacité de se connecter à cette fréquence permet d'accéder à une sagesse supérieure et d'élever notre conscience.

Cette connexion est souvent perçue comme une résonance avec des vérités profondes qui transcendent l'ordinaire.

Se naviguer spirituellement à travers la fréquence prophétique implique d'écouter attentivement les intuitions, les visions et les messages qui se manifestent à travers diverses expériences. Cela requiert une certaine attunement, une ouverture d'esprit qui permet de décrypter les signes et de comprendre les leçons que la vie nous offre. Cette écoute attentive est une pratique qu'ont cultivée de nombreux sages à travers les âges, relevant de la méditation, de la prière ou de l'introspection.

Cependant, il est crucial de reconnaître les limites de cette approche. La fréquence prophétique ne doit pas devenir une forme d'escapisme ou d'illusion. Elle demande discernement et rigueur, car la spiritualité peut parfois être perçue à travers le prisme des désirs personnels ou des peurs. Il est vital de croiser ces résonances spirituelles avec des valeurs éthiques et une conscience collective, afin d'éviter de se laisser entraîner par des biais émotionnels ou des interprétations erronées.

la fréquence prophétique, lorsqu'elle est intégrée avec discernement et réflexion, peut servir de boussole spirituelle. Cela nous guide vers notre vérité intérieure, nous aide à naviguer les tumultes de la vie et à évoluer en tant qu'êtres humains conscients et responsables. Cette démarche nous pousse vers une transformation authentique, favorisant un lien profond avec soi-même et avec le monde qui nous entoure.

INTRODUCTION

La Fréquence Prophétique, un ouvrage fascinant et profondément révélateur, explore les subtilités de la communication divine dans notre monde moderne. À une époque où la spiritualité est souvent réduite à des rituels et des dogmes rigides, ce livre s'érige en tant que guide inspirant, encourageant le lecteur à établir une connexion authentique avec le divin et à percevoir les signes que l'univers lui envoie.

Dans cet ouvrage, l'auteur aborde la notion de "fréquence" à la fois d'un point de vue métaphorique et littéral. La fréquence, en tant qu'idée, fait référence à la vibration, à la résonance, à la façon dont nos pensées et nos émotions interagissent avec l'énergie universelle. L'auteur nous invite à envisager nos vies à travers le prisme de cette fréquence, nous rappelant que chaque pensée, chaque intention, crée un champ énergétique qui influence notre réalité.

Le livre se divise en plusieurs sections, chacune dédiée à des concepts clés tels que l'intuition, la méditation, et la synchronicité. À travers des anecdotes personnelles, des études de cas, et des réflexions théologiques, l'auteur fournit des outils pratiques pour aider le lecteur à mieux comprendre comment recevoir et interpréter les messages divins. Une des idées centrales est que la spiritualité ne doit pas être un concept abstrait ou éloigné de notre quotidien, mais plutôt un ensemble de pratiques intégrables dans notre vie de tous les jours.

Un aspect marquant de "La Fréquence Prophétique" est l'accent mis sur la nature universelle de la spiritualité. Il n'existe pas une seule voie vers le divin : les cultures, les traditions, et les croyances divergeront inévitablement, mais elles partagent toutes un fond commun d'aspiration vers une connexion transcendante. L'auteur explore ainsi comment des pratiques spirituelles issues de différentes traditions - qu'il s'agisse du bouddhisme, du christianisme ou de l'hindouisme - peuvent s'enrichir mutuellement et encourager un dialogue interculturel.

La portée de "La Fréquence Prophétique" s'étend également à la critique de notre société contemporaine. L'auteur aborde des questions de désensibilisation face aux stimuli externes, à la technologie envahissante et la quête incessante de productivité qui peuvent nous éloigner de notre essence spirituelle. Dans ce contexte, il est essentiel de retrouver cet espace sacré au sein de nous-même où nous pouvons être réceptifs aux messages divins.

La Fréquence Prophétique" n'est pas simplement un livre sur la spiritualité; c'est une invitation à s'éveiller, à écouter, et à ressentir plus intensément notre place dans l'univers. Cet ouvrage nous rappelle que les fréquences que nous émettons et recevons façonnent notre réalité. Il nous pousse à prendre conscience de la puissance de notre intention, à cultiver la méditation et à rester ouverts aux signes que la vie nous offre. Dans un monde en perpétuelle évolution, cet appel à la connexion spirituelle résonne avec une pertinence remarquable et atteint tout ceux qui aspirent à une vie plus consciente et plus alignée avec leur essence profonde.

IMPORTANCE DE LA CONNECTIVITÉ SPIRITUELLE DANS LES EXPÉRIENCES HUMAINES

La connectivité spirituelle constitue un élément fondamental dans l'expérience humaine. Elle transcende les barrières culturelles, linguistiques et géographiques, proposant un fil d'union entre les individus et les dimensions plus profondes de leur existence. En effet, cette connectivité va au-delà des simples interactions sociales ; elle évoque un sentiment d'appartenance à quelque chose de plus grand, qu'il s'agisse d'une communauté, d'une tradition religieuse ou des forces universelles de la nature.

Premièrement, cette interconnexion spirituelle permet aux êtres humains de trouver un sens à leur vie. De nombreuses traditions spirituelles enseignent que chacun a un but qui dépasse la simple survie physique. Cette quête de sens peut inspirer des actions altruistes participant à la santé et au bien-être collectif. Des études ont montré que les personnes ayant une forte connexion spirituelle affichent souvent une plus grande résilience face aux défis, une capacité à surmonter les épreuves qui les renforce.

Deuxièmement, la connectivité spirituelle favorise l'empathie et la compassion. En reconnaissant que chacun fait partie d'un même tissu de vie, les individus développent une sensibilité accrue aux souffrances des autres. Cela encourage des gestes de solidarité et peut initier des mouvements sociaux puissants, fondés sur des valeurs communes de justice et d'harmonie.

Cependant, cette connectivité spirituelle doit être abordée avec prudence. Lorsqu'elle est manipulée à des fins d'exclusion ou de contrôle, elle peut engendrer des divisions et des conflits. La véritable connectivité spirituelle doit donc être nourrie de tolérance, d'ouverture et d'un désir sincère de compréhension mutuelle.

En somme, la connectivité spirituelle enrichit l'expérience humaine, cultivant un sens de communauté et d'appartenance, tout en promouvant des valeurs de compassion et de solidarité. La pérennité de notre humanité dépend de cette capacité à se relier spirituellement les uns aux autres.

I. LA FRÉQUENCE COMME CODE DE LA CONNECTIVITÉ SPIRITUELLE

La fréquence prophétique ne se limite pas à des messages transmis par des figures spirituelles charismatiques. Elle représente également la profondeur d'un ressenti collectif, la conscience d'un besoin universel et la quête d'une connexion divine. Chaque individu, selon sa sensibilité et son ouverture spirituelle, peut capter cette fréquence, interprétant les signaux de l'univers selon son propre prisme. Ainsi, la pratique de la méditation, la prière et d'autres rituels spirituels visent à élever notre fréquence vibratoire, nous alignant davantage sur cette fréquence prophétique.

Dans les grandes traditions spirituelles, les évangiles, les écrits anciens et les visions mystiques sont souvent considérés comme des canaux à travers lesquels la fréquence divine se manifeste. Ces textes portent en eux une résonance puissante qui transcende les époques et les cultures. Ils agissent comme des codes, invitant ceux qui sont prêts à les décoder, à comprendre et à expérimenter une réalité plus profonde.

La fréquence prophétique désigne la régularité avec laquelle des messages, des visions ou des révélations ont été perçus comme ayant une origine divine ou spirituelle. Ces communications sont souvent associées à des figures religieuses telles que des prophètes ou des sages, et elles peuvent varier en fonction des contextes culturels et historiques.

La fréquence prophétique se réfère à la répétition et à la résonance des messages, thèmes ou concepts dans des contextes religieux, spirituels ou littéraires. Elle manifeste la manière dont des idées ou des enseignements sont régulièrement évoqués ou partagés, renforçant leur impact et leur importance dans la culture collective d'une communauté. Dans un cadre religieux, par exemple, cela peut inclure des passages scripturaires, des discours ou des symboles qui, par leur récurrence, touchent les fidèles, les incitant à la réflexion ou à l'action. La fréquence prophétique souligne ainsi l'interconnexion entre le passé, le présent et l'avenir, tout en cultivant un sentiment d'urgence ou de nécessité.

A. LES DIFFÉRENTES INTERPRÉTATIONS DE LA FRÉQUENCE

La notion de fréquence est omniprésente dans divers domaines, allant des sciences naturelles aux sciences humaines, en passant par les arts et la technologie. Elle peut être définie comme le nombre de fois qu'un événement se produit dans un intervalle de temps donné ou dans un ensemble de données. Cependant, cette définition simple cache une multitude d'interprétations et d'applications qui méritent d'être explorées. Dans cet essai, nous examinerons les différentes interprétations de la fréquence, en mettant en lumière ses implications dans divers contextes.

1. Fréquence en sciences naturelles

Dans le domaine des sciences naturelles, la fréquence est souvent associée à des phénomènes périodiques. Par exemple, en physique, la fréquence d'une onde est le nombre de cycles qui se produisent par seconde, mesurée en hertz (Hz). Cette interprétation est cruciale pour comprendre des concepts tels que la lumière, le son et les ondes électromagnétiques. La fréquence détermine également des caractéristiques importantes, comme la hauteur d'un son ou la couleur d'une lumière.

En biologie, la fréquence peut se référer à la récurrence d'un trait génétique au sein d'une population. Par exemple, la fréquence allélique est un concept clé en génétique des populations, permettant d'évaluer la diversité génétique et l'évolution des espèces. Cette interprétation de la fréquence est essentielle pour comprendre les mécanismes de la sélection naturelle et de l'adaptation.

2. Fréquence en statistiques

En statistiques, la fréquence est utilisée pour décrire la distribution des données. La fréquence absolue indique combien de fois une valeur ou un événement se produit, tandis que la fréquence relative exprime cette occurrence par rapport à l'ensemble des données. Ces concepts sont fondamentaux pour l'analyse des données, permettant aux chercheurs de tirer des conclusions sur des tendances et des comportements.

Les histogrammes et les diagrammes de fréquence sont des outils visuels qui aident à représenter ces données de manière compréhensible. L'interprétation de la fréquence dans ce contexte est cruciale pour la prise de décision basée sur des données, que ce soit dans le domaine de la santé, de l'économie ou des sciences sociales.

3. Fréquence en psychologie

En psychologie, la fréquence peut être interprétée à travers le prisme des comportements humains. Par exemple, la fréquence d'un comportement peut être mesurée pour évaluer l'efficacité d'une intervention thérapeutique. Les psychologues utilisent souvent des échelles de fréquence pour quantifier des comportements tels que l'anxiété, la dépression ou les habitudes de consommation.

De plus, la fréquence des pensées ou des émotions peut également être un indicateur de la santé mentale d'un individu. Une fréquence élevée de pensées négatives, par exemple, peut être associée à des troubles psychologiques. Ainsi, l'interprétation de la fréquence en psychologie est essentielle pour comprendre et traiter divers problèmes de santé mentale.

4. Fréquence en sociologie

Dans le domaine de la sociologie, la fréquence est souvent utilisée pour analyser des phénomènes sociaux. Par exemple, la fréquence des interactions sociales, des comportements déviants ou des mouvements sociaux peut fournir des informations précieuses sur la dynamique d'une société. Les sociologues s'intéressent à la fréquence des événements pour comprendre les normes sociales, les valeurs et les changements culturels.

L'analyse de la fréquence des comportements au sein d'un groupe peut également révéler des inégalités sociales. Par exemple, la fréquence des violences domestiques ou des discriminations peut être étudiée pour mettre en lumière des problèmes systémiques au sein d'une société.

5. Fréquence en musique et arts

Dans le domaine de la musique, la fréquence est un concept fondamental. Chaque note musicale correspond à une fréquence spécifique, et la relation entre ces fréquences détermine l'harmonie et la mélodie. Les compositeurs et musiciens exploitent ces relations pour créer des œuvres qui évoquent des émotions et des sensations.

De plus, la fréquence peut également être interprétée dans le contexte des arts visuels. Par exemple, la fréquence des motifs ou des couleurs dans une œuvre d'art peut influencer la perception et l'interprétation de celle-ci. Les artistes jouent souvent avec la fréquence pour créer des rythmes visuels qui captivent l'œil du spectateur.

6. Fréquence en technologie

Dans le domaine technologique, la fréquence est un concept clé dans les communications sans fil. Les signaux radio, les réseaux Wi-Fi et les communications cellulaires reposent tous sur des fréquences spécifiques pour transmettre des données. La gestion de la fréquence est essentielle pour éviter les interférences et garantir une communication efficace.

De plus, la fréquence est également utilisée dans le traitement des données et l'informatique. Les processeurs fonctionnent à des fréquences spécifiques, mesurées en gigahertz (GHz), qui déterminent leur vitesse et leur efficacité. L'interprétation de la fréquence dans ce contexte est cruciale pour le développement de technologies avancées

La fréquence est un concept riche et multidimensionnel qui trouve des applications dans de nombreux domaines. Que ce soit en sciences naturelles, en statistiques, en psychologie, en sociologie, en musique ou en technologie, chaque interprétation de la fréquence offre des perspectives uniques et des outils d'analyse puissants. En comprenant ces différentes interprétations, nous pouvons mieux appréhender la complexité du monde qui nous entoure et les dynamiques qui le régissent. La fréquence, loin d'être une simple mesure, est un véritable miroir des phénomènes, des comportements et des interactions qui façonnent notre réalité.

I. CONCEPT SCIENTIFIQUE : VIBRATIONS ET ONDES

Les vibrations et les ondes sont des phénomènes fondamentaux qui sous-tendent une multitude d'aspects de la réalité physique. Qu'il s'agisse des sons que nous entendons, des ondes lumineuses que nous percevons ou même des mouvements des structures dans notre environnement, les vibrations et les ondes jouent un rôle crucial dans nos vies quotidiennes.

Les Vibrations : Une Manifestation de l'Énergie

Les vibrations peuvent être définies comme des mouvements oscillatoires autour d'une position d'équilibre. Lorsque nous parlons de vibrations, nous faisons souvent référence à la fréquence, à l'amplitude et à la phase du mouvement. Les exemples les plus courants de vibrations se trouvent dans les cordes d'instruments de musique, les membranes de haut-parleurs ou les structures architecturales soumises à des forces externes.

Chaque matériau possède une fréquence naturelle à laquelle il a tendance à vibrer. Cela est particulièrement important dans le domaine de l'ingénierie. Par exemple, lorsqu'un pont est soumis à des vibrations dues au passage de véhicules, il doit être conçu de manière à éviter des résonances qui pourraient provoquer des dommages structurels.

Les ondes : Le Transport d'Énergie et d'Information

Les ondes, en revanche, se réfèrent à la propagation de vibrations à travers un milieu, qu'il soit solide, liquide ou gazeux. Les ondes peuvent être classées en deux grandes catégories : les ondes mécaniques et les ondes électromagnétiques.

Les ondes mécaniques, telles que les vagues de la mer ou les ondes sonores, nécessitent un support matériel pour se propager. Elles sont caractérisées par la transmission d'énergie à travers un matériau sans déplacement net des particules de ce matériau. Par exemple, dans le cas des ondes sonores, les variations de pression de l'air transportent l'énergie de la source sonore à notre oreille, où elle est perçue comme un son.

Les ondes électromagnétiques, en revanche, n'ont pas besoin de milieu matériel pour se propager. Elles incluent des radiations telles que les rayons gamma, les rayons X, la lumière visible et les ondes radio. Ces ondes sont créées par des variations de champs électriques et magnétiques et se déplacent à la vitesse de la lumière. Elles jouent un rôle déterminant dans les technologies modernes, comme les télécommunications et la transmission d'énergie.

Interaction entre Vibrations et Ondes

L'interaction entre vibrations et ondes est omniprésente. Lorsqu'un objet vibre, il génère des ondes qui se propagent dans l'environnement. Par exemple, lorsqu'une guitare est pincée, les cordes vibrent, créant des ondes sonores qui se propagent dans l'air.

De plus, certains phénomènes de simulation, tels que les tremblements de terre, illustrent bien cette interaction. Lorsqu'une plaque tectonique se déplace, elle provoque des vibrations qui se propagent sous forme d'ondes sismiques. La compréhension de ces ondulations est essentielle pour la construction d'infrastructures robustes et sécurisées dans les zones sismiquement actives.

les vibrations et les ondes sont des manifestations d'une même réalité physique, expliquant comment l'énergie se déplace et interagit avec la matière. Elles nous permettent de comprendre non seulement les fondements de la musique et de la communication, mais aussi des phénomènes naturels complexes. Dans un monde où la technologie évolue rapidement, une compréhension approfondie de ces concepts est essentielle pour innover et concevoir des solutions durables face aux défis contemporains. Ainsi, les vibrations et les ondes ne sont pas seulement des curiosités scientifiques, mais des éléments clés de notre existence quotidienne

IV. DIMENSION SPIRITUELLE : INTUITION ET ÉCOUTE INTÉRIEURE

La dimension spirituelle de l'être humain est souvent perçue comme une quête de sens, un appel à la transcendance ou un chemin d'épanouissement personnel. Au cœur de cette exploration, l'intuition et l'écoute intérieure émergent comme des outils essentiels. Ces deux facettes de la spiritualité permettent de mieux se comprendre et d'établir une connexion profonde avec le monde qui nous entoure.

L'intuition est cette faculté de percevoir des vérités intérieures sans nécessairement passer par le filtre de la raison. Elle se manifeste souvent sous forme de pressentiments, d'inspirations soudaines ou de sensations intérieures. Dans un monde où la rationalité et l'objectivité sont souvent valorisées, l'intuition peut sembler négligée. Pourtant, elle est une boussole psychique qui nous guide dans nos choix, révélant des vérités profondes sur nous-mêmes et notre environnement. Les sages et les mystiques de tous les âges ont reconnu l'importance de cette dimension intuitive, qui nous rapproche d'une réalité plus vaste, souvent difficile à appréhender rationnellement.

Quant à l'écoute intérieure, elle va de pair avec l'intuition mais s'inscrit davantage dans une démarche de contemplation et d'auto-observation. Cette écoute requiert un espace de silence et de recul, loin des distractions de la vie moderne. C'est dans ce silence que nous pouvons commencer à entendre notre voix intérieure, qui nous parle parfois avec subtilité. L'écoute intérieure permet de prendre conscience de nos pensées, de nos émotions et de nos blessures, mais aussi de nos aspirations profondes. Elle nous aide à distinguer ce qui vient de notre propre essence et ce qui résulte des pressions extérieures.

La pratique régulière de la méditation, par exemple, est un moyen efficace de cultiver l'intuition et d'affiner notre capacité à écouter notre intérieur. En se retirant du tumulte extérieur, on accède à des niveaux de conscience plus profonds. Cette pratique favorise la clarté mentale et permet d'installer une connexion authentique avec soi-même. Les traditions spirituelles, qu'elles soient orientales ou occidentales, insistent sur l'importance de cet aspect contemplatif, révélant que la sagesse n'émerge pas toujours de l'articulation intellectuelle mais souvent du silence intérieur.

Cependant, l'intuition et l'écoute intérieure ne sont pas exemptes de pièges. Il est essentiel de garder à l'esprit que notre intuition peut être influencée par des peurs non résolues, des désirs refoulés ou des conditionnements culturels. Ainsi, développer une écoute critique de soi-même devient primordial. La discernement est la clé pour ne pas confondre l'intuition véritable avec des pulsions émotionnelles ou des interprétations erronées de notre vécu.

La dimension spirituelle de la vie humaine est une mosaïque complexe qui se construit à travers des expériences multiples. L'intuition et l'écoute intérieure y jouent un rôle central, nous invitant à explorer des horizons plus riches et authentiques. En cultivant ces pratiques, nous accordons une voix à notre être profond, qui, dans le bruit du monde, mérite d'être entendu. Sur ce chemin, nous apprenons à nous connaître véritablement, à vivre en harmonie avec nous-mêmes et, par extension, avec le cosmos. Cela nous aide non seulement à nous réaliser individuellement, mais aussi à contribuer à une harmonie collective précieuse, une quête essentielle dans le tourbillon de la vie moderne.

B.   LA FRÉQUENCE DANS DIVERSES TRADITIONS SPIRITUELLES

La fréquence prophétique, comprise comme la capacité de percevoir des vérités transcendantales ou des réalités spirituelles à travers des visions, des rêves ou des intuitions, trouve sa place dans de nombreuses traditions spirituelles à travers le monde. Chaque culture et chaque religion abordent cette notion d'une manière unique, mais un fil conducteur relie ces expériences : la quête de sens, de guidance et de vérité.

Dans le cadre du christianisme, la prophétie est souvent perçue comme un don divin, conférant à certaines personnes la capacité de communiquer des messages venus de Dieu. Les prophètes de l'Ancien Testament, tels qu'Ésaïe ou Jérémie, ont joué un rôle central dans la transmission de la volonté divine, avertissant le peuple des dangers à venir et les appelant à la repentance. Dans le Nouveau Testament, on trouve également des références à des dons prophétiques au sein de la communauté chrétienne, particulièrement dans les écrits de Paul. Cette notion reste vivante aujourd'hui au sein de différents mouvements évangéliques et pentecôtistes, où la prophétie est souvent synonyme d'un rapport direct et immédiat avec le divin.

Dans l'islam, la figure du prophète est primordiale, avec Mahomet comme ultime messager de Dieu. Les visions et révélations qu'il a reçues, compilées dans le Coran, sont considérées comme une guidance éternelle pour l'humanité. Toutefois, le concept de prophétie en islam ne se limite pas à Mahomet ; d'autres personnalités, comme les saints et les mystiques, peuvent également avoir des perceptions spirituelles profondes, souvent interprétées comme des manifestations de la volonté divine.

Le judaïsme, quant à lui, offre une riche tradition prophétique, avec des figures emblématiques comme Moïse, qui a conduit les Israélites hors d'Égypte après avoir reçu des révélations divines. La tradition rabbinique a cependant élargi la compréhension de la prophétie, incluant la notion que tout être humain peut, dans certains moments d'extase spirituelle, avoir un aperçu du divin. Cette approche valorise l'individualité et l'expérience personnelle avec la divinité.

Dans les traditions spirituelles orientales, la fréquence prophétique peut être perçue différemment. Par exemple, dans le hindouisme, les sages et les rishis sont souvent présentés comme des êtres ayant une profonde connexion avec le cosmos, capables de recevoir des visions et d'exprimer des vérités universelles à travers les écritures comme les Vedas. Dans le bouddhisme, la connaissance spirituelle, parfois comparable à la prophétie, est atteinte grâce à la méditation et l'illumination, révélant la nature de la réalité plutôt que des messages directs d'un créateur.

Les traditions chamaniques, présentes dans de nombreuses cultures autochtones, abordent également la notion de fréquence prophétique. Les chamanes, par le biais de rituels et de transe, se mettent en contact avec les esprits de la nature et reçoivent des visions qui guident leur communauté. Ces expériences de perception spirituelle sont souvent liées à des phénomènes naturels et à une compréhension holistique du monde.

bien que la fréquence prophétique se manifeste de manière différente selon les traditions, elle reste un élément essentiel de la spiritualité humaine. Que ce soit à travers la révélation divine, l'expérience personnelle ou les connexions mystiques, la quête de comprendre la transcendance et d'accéder à des vérités plus profondes demeure un désir universel, invitant chacun à explorer son propre chemin spirituel.

1. Rituels et pratiques spirituelles

Le rituel et la pratique spirituelle occupent une place centrale dans de nombreuses traditions culturelles et religieuses à travers le monde. Ils représentent des expressions humaines de recherche, de connexion et d'élévation vers quelque chose de plus grand que soi. Dans une société de plus en plus sécularisée et individualiste, il est essentiel de se pencher sur l'importance de ces pratiques pour le bien-être psychologique et spirituel de l'individu.

Un rituel, par définition, est une série d'actions effectuées de manière systématique et souvent répétée, souvent en lien avec des croyances spirituelles ou religieuses. Que ce soit un mariage, une cérémonie de deuil ou un simple moment de prière, chaque rituel possède une portée symbolique forte. Ils offrent un cadre sécurisé pour vivre des émotions intenses, comme la joie, la tristesse ou la gratitude. Les rituels peuvent aider à solidifier des liens communautaires et à renforcer l'identité collective, en offrant un sens de continuité et de tradition.

Paradoxalement, la répétition d'un rituel ne doit pas être vue comme une simple routine. Au contraire, un rituel bien ancré peut devenir un acte de profond engagement spirituel. Par exemple, la méditation quotidienne ou le pèlerinage vers un lieu sacré transcende souvent la simple pratique pour devenir une quête spirituelle. Ces moments, bien que structurés, permettent une introspection et une exploration personnelle, rendant l'individu plus réceptif aux expériences mystiques ou transcendantales.

Les pratiques spirituelles, quant à elles, englobent un éventail d'activités qui visent à nourrir l'âme et à favoriser la croissance intérieure. La méditation, le yoga, la prière, la respiration consciente, ou encore l'art de l'écoute active sont autant de manières d'entrer en contact avec soi-même et de cultiver un état d'esprit apaisé. La spiritualité, souvent perçue comme individuelle, trouve aussi sa force dans le partage. Les cercles de prière, les retraites spirituelles ou les groupes de discussion favorisent une dynamique d'échange, permettant à chacun de partager son cheminement personnel tout en bénéficiant du soutien des autres.

La rencontre entre rituel et pratique spirituelle se manifeste également par un processus d'évolution.Les rituels peuvent être réinventés pour refléter les valeurs d'une époque, permettant ainsi à de nouvelles générations de s'approprier des traditions tout en les enrichissant. Cela illustre une adaptabilité essentielle dans un monde en constante mutation. Ainsi, l'un des défis contemporains est de préserver l'essence des rituels tout en permettant leur expansion et leur transformation pour les rendre pertinents au sein des sociétés modernes.

Toutefois, il est crucial de garder conscience des limites qui peuvent émerger autour des rituels et des pratiques spirituelles. Leur pratique peut parfois engendrer des dogmatismes, des exclusions, voire des tensions entre différentes croyances. Une spiritualité qui ne saurait supporter la diversité des expériences humaines risque de s'enfermer dans des schémas rigides. En ce sens, il est essentiel d'encourager une approche ouverte, respectueuse et inclusive, qui célèbre la richesse et la pluralité des chemins spirituels.

Le rituel et la pratique spirituelle sont des instruments puissants de connaissance de soi et d'épanouissement. Ils offrent des espaces de transformation personnelle tout en renforçant des liens communautaires. Dans un monde de défis et de changements permanents, s'accorder du temps pour réfléchir, célébrer et se rassembler autour de valeurs partagées pourrait bien être une clé pour forger un avenir harmonieux et conscient

II. Symbolisme et représentation dans l'art et la culture

Le symbolisme, en tant que mouvement artistique et littéraire, est profondément ancré dans l'idée de transcender le monde physique pour explorer des vérités intérieures et des états d'âme. Dans ce contexte, la fréquence prophétique évoque une résonance spirituelle ou mystique, souvent perçue à travers des symboles. Les artistes et écrivains ont largement utilisé ces symboles pour transmettre des messages universels, permettant une connexion profonde avec leur auditoire.

Dans de nombreuses traditions, les symboles sont des représentations visuelles ou auditives d'idées abstraites. La fréquence prophétique, souvent associée à une perception intuitive ou à une révélation divine, s'inscrit dans cette lignée. Par exemple, des figures comme le prophète dans les textes religieux sont souvent entourées de symboles – lumières, oiseaux, montagnes – qui suggèrent des vérités plus profondes et des réalités invisibles. Ces éléments sont employés pour éveiller un état de conscience différent, amenant le spectateur ou le lecteur à une réflexion introspective.

L'art symboliste du 19ème siècle illustre parfaitement cette idée. Des artistes comme Gustave Moreau et Odilon Redon ont intégré des motifs mythologiques et spirituels dans leurs œuvres, créant des tableaux qui évoquent des visions et des émotions plus que la simple représentation. Leurs créations étaient souvent empreintes d'une atmosphère onirique, cherchant à capter l'essence des émotions humaines plutôt qu'une réalité tangible.

Le symbolisme ne se limite pas à la peinture. Dans la littérature, des écrivains comme Charles Baudelaire et Stéphane Mallarmé ont utilisé des images poétiques pour traduire des expériences vécues dans un langage qui va au-delà du littéral. Leur travail reflète une quête vers le spirituel et l'invisible, cherchant à révéler ce qui se cache derrière le voile du quotidien. La poésie devient alors une fréquence à la fois sonore et spirituelle, capable de résonner avec des vérités intérieures.

En lien avec cette exploration artistique, la culture populaire contemporaine puise également dans le symbolisme. Dans le cinéma, des metteurs en scène comme Terrence Malick utilisent des images récurrentes et des motifs symboliques pour transmettre des thèmes profonds de la condition humaine, de la spiritualité et de la quête de sens. Les films deviennent des œuvres prophétiques, suggérant une réalité que l'on ressent plus qu'on ne la comprend pleinement, engageant le public dans une réflexion sur sa propre existence.

Dans la musique, des genres tels que le rock alternatif et la musique électronique s'imprègnent de symboles et de thèmes qui évoquent des états d'âme complexes. Les paroles deviennent une forme de prophétie moderne, explorant des concepts d'amour, de perte et de transcendance, tout en utilisant des métaphores riches et des images évocatrices pour communiquer des émotions.

Ainsi, le symbolisme et la fréquence prophétique apparaissent comme des ponts entre le visible et l'invisible, reliant l'art, la culture et l'expérience humaine. Par ce biais, ils nous invitent à explorer les profondeurs de notre être, à envisager notre place dans un cosmos souvent mystérieux. En utilisant les symboles, les artistes et les penseurs alimentent notre quête de sens et notre désir de compréhension, témoignant de la puissance éternelle de la créativité humaine dans sa recherche de vérité.

II .   LA RESPIRATION SPIRITUELLE : UN RYTHME À ÉCOUTER

Dans notre quête de sens et d'harmonie, la respiration spirituelle émerge comme un art subtile, un rythme délicat qui dépasse le simple acte physiologique de respirer. Elle évoque l'idée que notre souffle ne se contente pas de maintenir nos corps en vie ; il est aussi une source de connexion, de paix intérieure et de renouvellement spirituel. Cet essai se propose d'explorer en profondeur la notion de respiration spirituelle, ses implications, ses pratiques et son impact sur notre vie quotidienne.

I. La respiration humaine : un acte vital

Avant d'entrer dans le domaine spirituel, il est essentiel de reconnaître que la respiration est le fondement même de notre existence. Chaque respiration que nous prenons nous ancre dans le moment présent, nous rappelle notre mortalité et notre lien avec le monde qui nous entoure. Physiologiquement, la respiration permet l'échange de l'oxygène et du dioxyde de carbone, un processus vital pour notre survie. Mais au-delà de ces mécanismes biologiques, elle nous offre aussi un cadre pour l'introspection et la méditation.

2   La dimension spirituelle de la respiration

La respiration spirituelle transcende les simples besoins corporels. Elle nous interpelle sur notre état émotionnel, mental et spirituel. Chaque souffle peut être perçu comme un moyen de se reconnecter à soi-même, un outil permettant d'explorer notre intériorité. Dans de nombreuses traditions spirituelles, le souffle est considéré comme un lien entre le corps et l'âme, un pont entre le matériel et le non-matériel.

2.1. Souffle et énergie vitale

Dans le yoga, par exemple, le « prana » désigne l'énergie vitale qui circule en nous, et la respiration est le moyen par lequel nous pouvons harmoniser cette énergie. De même, la tradition chinoise du Qi Gong parle de « qi » ou « chi », qui est également lié à la respiration. Ces pratiques reposent sur l'idée que maîtriser notre souffle nous permet de manipuler notre énergie intérieure, d'apaiser notre esprit et de raviver notre corps.

3. Les pratiques de la respiration spirituelle

Il existe de nombreuses techniques et pratiques autour de la respiration spirituelle. Parmi les plus connues, on retrouve la méditation, la pleine conscience et les exercices de respiration contrôlée.

3.1. La méditation

La méditation est souvent associée à la respiration. En se concentrant sur notre souffle, nous apprenons à calmer notre esprit et à nous ancrer dans le moment présent. C'est un outil puissant pour lutter contre le stress et favoriser la paix intérieure. La méditation transcendantale, par exemple, utilise des mantras synchronisés avec le rythme de la respiration pour induire un état de calme profond.

3.2. La pleine conscience

La pleine conscience est une pratique qui encourage à porter attention sans jugement sur ce qui se passe à l'intérieur de nous et autour de nous. En intégrant la respiration consciente dans cette pratique, nous pouvons développer une meilleure conscience de notre corps, de nos sensations et de nos émotions. Cela nous aide à nous reconnecter avec nous-mêmes et à apporter une certaine clarté dans notre vie.

3.3. Exercices de respiration

Divers exercices de respiration, comme la respiration abdominale, la respiration alternée ou le 'pranayama' du yoga, permettent de réguler notre système nerveux et d'apaiser notre esprit. Chacun de ces exercices a des effets bénéfiques, comme l'augmentation de la concentration, la réduction de l'anxiété et l'amélioration de la santé physique et mentale.

4. L'impact de la respiration spirituelle sur le quotidien

Nous vivons dans un monde chaotique, où le rythme effréné de la vie peut nous éloigner de notre essence. La respiration spirituelle, en nous apprenant à ralentir et à écouter, nous offre des outils puissants pour surmonter ce déséquilibre.

4.1. Réduction du stress et de l'anxiété

Des études ont démontré que des pratiques de respiration consciente peuvent réduire le stress et l'anxiété, augmentant ainsi notre bien-être général. Ce phénomène s'explique par la connexion entre la respiration et notre système nerveux : un rythme respiratoire calme envoie des signaux de détente à notre cerveau, réduisant ainsi l'activation de la réponse au stress.

4.2 Amélioration de la concentration et de la créativité

En développant une pratique régulière de respiration spirituelle, nous pouvons également améliorer notre capacité de concentration et stimuler notre créativité. Lorsqu'on se concentre sur le souffle, on libère l'esprit des distractions et on crée un espace propice à l'émergence de nouvelles idées.

43. Renforcement des relations interpersonnelles

En travaillant sur notre respiration et en cultivant un état d'esprit serein, nous devenons plus à même d'établir des connexions authentiques avec les autres. L'authenticité et l'écoute active, nourries par une conscience accrue de soi, renforcent nos relations personnelles et professionnelles.

5. La respiration comme acte d'amour de soi

Dans une société qui valorise souvent la productivité au détriment du bien-être, la respiration spirituelle nous rappelle l'importance de l'amour de soi. Prendre le temps de respirer profondément et consciemment est un acte de rejet des normes imposées, un moyen de se réapproprier notre temps et notre espace. Cela nous permet d'être présents pour nous-mêmes avant d'être présents pour les autres.

6. Écouter le rythme de notre souffle

La respiration spirituelle n'est pas simplement un exercice ; c'est une façon de vivre. En apprenant à écouter le rythme de notre souffle, nous pouvons nous reconnecter à notre essence, à notre tranquillité intérieure et à notre place dans le cosmos. Dans un monde souvent bruyant et agité, retrouver le souffle devient une quête de résonance, de paix et d'harmonisation.

Embrassons cette spiritualité du souffle, non seulement comme un refuge, mais aussi comme un appel à la pleine présence dans notre vie. Chaque respiration devient une opportunité d'éveil spirituel, un moment de gratitude pour la vie qui nous anime. Cultivons cette pratique, et laissons-la transformer notre quotidien, en y insufflant un souffle de lumière et de sérénité.

La respiration spirituelle est un voyage personnel et collectif qui nécessite patience, engagement et ouverture d'esprit. C'est une invitation à se reconnecter à soi-même et à célébrer la vie à chaque souffle.

A.   L'IMPORTANCE DE LA RESPIRATION DANS LA MÉDITATION ET LA PRIÈRE

Dans un monde caractérisé par le rythme effréné de la vie moderne, la quête de la sérénité intérieure et du sens profond de l'existence devient une nécessité pour beaucoup. La méditation et la prière, pratiques ancestrales, émergent comme des outils puissants pour reconnecter l'individu à sa spiritualité. La fréquence prophétique, qui évoque la connexion directe à un niveau spirituel supérieur, est souvent atteinte par l'intermédiaire de ces deux pratiques. Cet essai explore l'importance de la méditation et de la prière dans le cheminement spirituel, en mettant en lumière leur impact sur l'esprit, le corps et l'âme.

1. La Méditation : Un Voyage Intérieur

1.1 Définition et Origines

La méditation est une pratique millénaire présente dans de nombreuses traditions, que ce soit dans le bouddhisme, l'hindouisme, le christianisme ou d'autres croyances spirituelles. Elle repose sur la concentration de l'esprit, souvent à travers des techniques de respiration ou des mantras, pour atteindre un état de conscience modifiée.

1.2 Les Bienfaits de la Méditation

La méditation offre de nombreux bienfaits psychologiques et physiologiques :

1. Réduction du stress : De nombreuses études ont démontré que la méditation diminue les niveaux de cortisol, l'hormone du stress.

2. Amélioration de la concentration : En entraînant l'esprit à se focaliser, la méditation aide à renforcer les capacités cognitives.

3. Équilibre émotionnel : Elle favorise la régulation des émotions, permettant de mieux gérer l'anxiété et la dépression.

4. Connexions spirituelles : Pour beaucoup, la méditation est une voie vers une expérience mystique ou spirituelle, permettant de se connecter à une fréquence plus élevée.

1.3 Techniques de Méditation

Différentes techniques de méditation peuvent être pratiquées :

- Méditation de pleine conscience : Prendre conscience de l'instant présent sans jugement, en observant les pensées et les émotions.

- Méditation transcendantale : Utilisation d'un mantra pour transcender l'état de pensée ordinaire.

- Méditation guidée : Suivre une séance dirigée par un instructeur ou une application.

2. La Prière : Un Acte de Souffrance et de Gratitude

2.1 Définition et Signification

La prière est souvent perçue comme un acte de communication avec le divin. Que ce soit par des supplications, des remerciements ou des louanges, la prière est un acte intime qui remplit de sens la connexion spirituelle de l'individu.

2.2 Les Bienfaits de la Prière

La prière apporte également une multitude d'avantages :

1. Sentiment de paix intérieure : Elle permet de se libérer des tourments de l'esprit et de trouver refuge dans la foi.

2. Communion avec le divin : La prière renforce le lien spirituel et permet de se sentir en phase avec une force supérieure.

3. Renforcement de la communauté : Lorsque pratiquée en groupe, la prière crée un sentiment d'appartenance et de solidarité.

4. Attitude de gratitude : La prière développe une appréciation pour la vie et ses bienfaits, encourageant une attitude positive.

2.3 Pratiques de Prière

Il existe diverses manières de prier qui peuvent enrichir l'expérience spirituelle :

- Prière silencieuse : Un moment d'introspection et de connexion personnelle.

- Prière liturgique : Utilisation de formules préétablies au sein de traditions religieuses.

- Prière de gratitude : Exprimer de la reconnaissance pour les bénédictions reçues.

3. L'Interconnexion entre Méditation et Prière

3.1 Synergie des Pratiques

Bien que la méditation et la prière soient des pratiques différentes, elles se complètent. Les méditations peuvent être ponctuées de prières, tout comme les prières peuvent être suivies de moments de silence méditatif pour écouter la voix intérieure.

3.2 L'Observation dans l'Expérience

Lors des moments de méditation, les individus ressentent souvent une forme de connexion profonde avec quelque chose de plus grand qu'eux. Cela peut être perçu comme une réponse à leurs prières. Cette interaction dynamique entre la méditation et la prière enrichit le parcours spirituel.

3.3 La Fréquence Prophétique

La notion de fréquence prophétique émerge lorsqu'on considère que la méditation et la prière permettent d'atteindre des états de conscience plus élevés. Lorsque l'individu parvient à synchroniser ses pensées et ses émotions, il est alors en mesure de recevoir des messages ou des inspirations intuitives.

4. Méditation et Prière dans le Quotidien

4.1 Intégration dans la Vie de Tous les Jours

La pratique régulière de la méditation et de la prière peut transformer le quotidien. En consacrant quelques minutes par jour, chaque individu peut créer un espace sacré dans sa routine.

4.2 Éléments à Prendre en Compte

1. Création d'un espace dédié : Un coin tranquille où la méditation et la prière peuvent être pratiquées sans distraction.

2. Engagement à la régularité   : La constance favorise une transformation intérieure.

3. Ouverture d'esprit : Aborder ces pratiques avec un esprit ouvert et curieux permet de mieux en comprendre les subtilités.

La méditation et la prière sont deux piliers fondamentaux de la spiritualité. En s'y engageant pleinement, les individus peuvent non seulement trouver la paix intérieure mais aussi se connecter aux fréquences plus élevées de la réalité spirituelle. Dans cette quête de sens et de sérénité, ces pratiques ancestrales offrent une voie vers la compréhension de soi, du monde et du divin. En cultivant ces moments de méditation et de prière, chacun peut espérer découvrir la profondeur de sa propre spiritualité et vivre une vie plus épanouie.

I.   TECHNIQUE DE LA RESPIRATION SPIRITUELLE POUR ATTEINDRE DES ÉTATS DE CONSCIENTE ÉLEVÉS

La respiration est un outil puissant qui peut nous aider à accéder à des états de conscience élevés, souvent recherchés lors de pratiques spirituelles ou méditatives. En effet, la manière dont nous respirons influe non seulement sur notre santé physique, mais également sur notre bien-être mental et spirituel. C'est ce que l'on appelle souvent la « technique de la respiration consciente ».

1. La respiration comme ancre

Dans de nombreuses traditions spirituelles, la respiration est considérée comme un ancrage, un point de focalisation qui nous ramène à l'instant présent. En prenant conscience de notre souffle, nous pouvons dériver d'un état d'agitation ou de distraction vers un état de sérénité et de concentration. Pour commencer, il est utile de trouver un endroit calme et de s'installer confortablement. Fermer les yeux peut aussi aider à minimiser les distractions extérieures.

2. Techniques de respiration

a. La respiration diaphragmatique

Cette méthode consiste à inspirer profondément par le nez, en laissant l'air remplir le bas de vos poumons et en gonflant votre abdomen. Ensuite, expirez lentement par la bouche. Avec cette technique, nous pouvons toucher notre essence.

En effet, la respiration diaphragmatique stimule le système nerveux parasympathique, ce qui entraîne une diminution du stress et une augmentation de la clarté mentale. Pratiquée régulièrement, elle peut ouvrir la voie à des niveaux de conscience plus élevés.

b. La respiration alternée

Connue sous le nom de Nadi Shodhana dans la tradition yogique, cette technique consiste à alterner la respiration entre les narines. En bouchant une narine, nous inspirons par l'autre, puis nous switchons. Cette méthode équilibre les hémisphères gauche et droit du cerveau, favorisant une expérience d'harmonie intérieure et d'intuition plus profonde.

3. Création d'un espace sacré

Une fois que la respiration est maîtrisée, il peut être bénéfique de créer un espace sacré. Cela peut inclure des éléments qui vous inspirent, comme des bougies, une musique douce, ou des symboles spirituels. Un tel environnement favorise une connexion plus profonde avec soi-même et ouvre la voie à des résonances plus élevées.

4. L'importance de l'intention

L'intention est un élément clé pour atteindre un état de conscience élevé. Avant de commencer vos exercices de respiration, définissez une intention claire. Que recherchez-vous ? La paix intérieure, l'inspiration créative ou une connexion divine ? Clarifier votre intention aligne votre esprit et votre cœur, facilitant la transformation de votre expérience.

5. L'expérience du lâcher-prise

Lorsque l'on atteint un état de conscience élevé, il est crucial de laisser aller les pensées intrusives et de se concentrer sur le moment présent. La méditation sur le souffle permet de se libérer des préoccupations quotidiennes et d'embrasser une sensation d'unité avec l'univers. La pratique régulière favorise une meilleure connexion avec notre intuition et notre sagesse intérieure.

Les techniques de respiration sont des outils puissants pour accéder à des états de conscience plus élevés, en facilitant un chemin vers la guérison et l'éveil. Elles nous aident à nous ancrer dans l'instant présent, à équilibrer notre énergie et à aligner notre intention. En intégrant ces pratiques dans notre quotidien, non seulement nous améliorons notre bien-être général, mais nous ouvrons également la porte à des expériences spirituelles profondes et une connexion plus intime avec notre essence. La respiration devient alors un pont vers une réalité plus expansive, où nous pouvons découvrir notre potentiel illimité.

II. EFFETS DE LA RESPIRATION CONSCIENTE SUR LA SANTÉ MENTALE

La respiration consciente, également connue sous le nom de respiration mindful, est une pratique qui, bien que simple, peut avoir des effets profonds et durables sur la santé mentale. Dans un monde où le stress et l'anxiété semblent omniprésents, cette technique offre une porte d'entrée vers le bien-être psychologique.

Tout d'abord, la respiration consciente permet de réduire le stress en favorisant une déconnexion temporaire des pensées envahissantes. Lorsque nous portons attention à notre respiration, nous ancrons notre esprit dans le moment présent. Une étude menée par des chercheurs de l'Université de la Californie avait montré que les techniques de pleine conscience, comprenant la respiration consciente, peuvent réduire significativement les niveaux de cortisol, l'hormone du stress. En pratiquant régulièrement cette méthode, les individus peuvent développer une meilleure résilience face aux défis quotidiens.

De plus, la respiration consciente contribue à réguler les émotions. En étant attentif à chaque inspiration et expiration, on apprend à observer ses pensées et émotions sans jugement. Cette observation bienveillante permet de diminuer la réactivité émotionnelle, notamment face à des situations provocantes. Une étude publiée dans le journal "Emotion" a révélé que les personnes qui pratiquent la méditation de pleine conscience, incluant la respiration consciente, éprouvent une diminution de l'anxiété et de la dépression. Cela s'explique par le fait que cette pratique aide à créer un espace entre les stimuli émotionnels et nos réactions, offrant ainsi une plus grande maîtrise de soi.

En outre, la respiration consciente améliore la concentration et la clarté mentale. En focalisant notre attention sur le souffle, nous nous entraînons à diriger notre esprit, réduisant ainsi la tendance à la rumination. Des recherches montrent que la pratique régulière de la pleine conscience peut améliorer les capacités attentionnelles et cognitives. Ainsi, ceux qui s'engagent dans la respiration consciente constatent souvent une augmentation de leur productivité et de leur créativité, éléments cruciaux pour une bonne santé mentale.

Un autre aspect fondamental est l'interconnexion entre le corps et l'esprit, souvent négligée dans la vie moderne. La respiration consciente nous rappelle que notre état physique peut influencer notre état mental. Des exercices de respiration profonde activent le système nerveux parasympathique, induisant une sensation de calme et de détente. Cela peut s'avérer particulièrement bénéfique pour les personnes souffrant de troubles d'anxiété ou de troubles de l'humeur, en leur offrant des outils efficaces pour gérer leurs symptômes.

Enfin, la pratique de la respiration consciente favorise une meilleure qualité de sommeil. De nombreuses personnes souffrent d'insomnies liées au stress et à l'anxiété. En intégrant des exercices de respiration avant de dormir, il est possible de réduire l'agitation mentale et de faciliter l'endormissement. Les recherches indiquent que des séances de méditation guidée centrées sur la respiration peuvent améliorer la durée et la qualité du sommeil, ce qui est indispensable pour une santé mentale optimale.

La respiration consciente, à travers ses multiples bienfaits, s'affirme comme un outil puissant pour améliorer la santé mentale. Qu'il s'agisse de réduire le stress, de réguler les émotions, d'améliorer la concentration ou de favoriser un meilleur sommeil, ses effets se font ressentir tant au niveau psychologique que physique. À une époque où la tranquillité d'esprit est souvent mise à l'épreuve, il est essentiel de rétablir ce lien avec notre souffle, une pratique accessible à tous et d'une efficacité prouvée. Adopter la respiration consciente dans notre quotidien pourrait bien être une clé vers un meilleur équilibre mental et émotionnel.

B . LA RESPIRATION COMME MÉTAPHORE DE LA FRÉQUENCE PROPHÉTIQUE

La respiration, élément fondamental de la vie, s'étend bien au-delà de sa dimension biologique pour toucher des sphères philosophiques, spirituelles et militaires. En tant que métaphore, elle devient une illustration puissante de la fréquence prophétique, une notion qui évoque la capacité d'anticipation, de perception et de communication avec un futur encore indéfini. Dans cette essai, nous explorerons comment la respiration, en tant qu'acte conscient ou inconscient, peut être appréhendée comme une sorte de fréquence à travers laquelle les prophètes, les artistes et même les individus ordinaires tentent de capter et d'exprimer des vérités profondes sur l'existence humaine.

I. La respiration comme acte de vie

La respiration est souvent décrite comme le premier acte de la vie. À peine sorti du ventre maternel, l'individu prend sa première inspiration, un geste qui le relie à son environnement et à l'univers. Cette action primitive est à la fois inconsciente et essentielle, une sorte de rythme circulaire qui devient l'essence de l'existence. Dans cet acte, on peut percevoir une métaphore de la fréquence prophétique : tout comme la respiration permet de recevoir et de donner, la capacité à percevoir l'avenir s'épanouit lorsque l'homme se relie pleinement à lui-même et à son environnement.

La vie est remplie de cycles, qu'ils soient liés à la nature, aux saisons ou aux relations humaines. La respiration, en tant qu'expression de ces cycles, nous rappelle que chaque moment est à la fois un début et une fin. Les prophètes, à travers leurs visions, semblent également naviguer ce cycle d'inspirations et d'expirations, perçus comme des révélations et des retours vers le doute. Dans ce sens, chaque respiration devient une opportunité de connexion, non seulement avec soi-même, mais aussi avec les échos du futur.

II. La conscience dans la respiration

La profondeur de la respiration se révèle pleinement lorsqu'elle est pratiquée de manière consciente. La pleine conscience, qui implique une attention délibérée à l'instant présent, est un outil puissant dans la pratique du bien-être. De même, lorsqu'une personne passe à un état de conscience supérieure, elle peut recevoir des intuitions et des visions qui semblent prophétiques. Les moments de silence et de respiration consciente offrent un espace pour que l'inconscient s'exprime, pour que des vérités cachées émergent.

Par cette pratique, l'individu se synchronise avec des rythmes plus profonds de l'existence, tout comme un prophète qui s'accorde avec les vibrations de son temps. Cette synchronisation peut être perçue comme une fréquence qui lui permet d'anticiper les événements, de déceler les motifs, et de traduire ces perceptions en messages importants pour son entourage.

III. Les prophètes et leur respiration

Historiquement, les prophètes ont souvent été décrits comme des individus ayant la capacité de percevoir des vérités divines. Leur processus de réception et de transmission est comparable à deux phases de la respiration : l'inspiration, où ils captent une voix intérieure ou un message cosmique, et l'expiration, où ils partagent cette connaissance avec le monde.

Dans de nombreuses traditions spirituelles, la pratique de la méditation ou de la prière est profondément liée à la respiration. Les prophètes, grands sages ou mystiques, utilisent souvent des techniques de respiration pour se relier à des niveaux plus élevés de conscience. Inspirés, ils expriment des visions de l'avenir, des avertissements ou des espoirs qui touchent l'humanité tout entière. La respiration devient alors un canal par lequel le divin s'exprime, une fréquence qui prépare l'individu à entendre et à transmettre le message prophétique.

IV. Art, créativité et fréquence prophétique

La respiration joue également un rôle crucial dans le processus créatif. Les artistes, qu'ils soient musiciens, poètes ou peintres, exploitent souvent la dynamique de la respiration pour nourrir leur œuvre. L'art en lui-même peut être vu comme une sorte de prophétie, un moyen de traduire les vibrations de l'ère dans laquelle un individu vit. La connexion entre la respiration et la créativité rappelle à quel point être conscient de soi et de son environnement permet de produire des œuvres qui peuvent transformer la perception collective de l'expérience humaine.

Chaque respiration devient alors une pulsation de création, une invitation à explorer des idées nouvelles ou à exprimer des émotions profondes. Les artistes, en méditant sur leur propre souffle, prennent conscience des tensions et des enthousiasmes qui habitent leur vie, ce qui enrichit leur travail d'une dimension prophétique.

V. L'avenir de la respiration et de l'humanité

À mesure que le monde évolue, les enjeux liés à la respiration et à notre environnement deviennent de plus en plus pressants. Les crises écologiques, sociales et politiques actuelles nous rappellent l'importance de la connexion. L'emploi de la respiration comme métaphore de la fréquence prophétique prend alors un sens nouveau. Nous sommes appelés à inspirer non seulement des idées, mais aussi des actions concrètes.

De même que la respiration est ce qui nous maintient en vie, elle peut être l'outil qui nous aide à nous rassembler autour d'un futur commun, invitant chacun à devenir le prophète de son propre destin. Une société consciente de sa respiration collective pourra mieux affronter les défis de demain, s'unissant dans un effort partagé pour une vie meilleure et plus consciente.

Le souffle de l'humanité

En définitive, la respiration apparaît comme une métaphore puissante de la fréquence prophétique, reliant la vie individuelle à l'expérience collective. Elle incarne le cycle éternel d'inspiration et d'expiration qui constitue non seulement notre existence biologique, mais également notre capacité à percevoir et à partager des vérités profondes sur notre condition humaine. En pratiquant la pleine conscience et en écoutant notre souffle, nous avons la possibilité de devenir les prophètes de nos propres vies, nous permettant ainsi d'anticiper et de façonner l'avenir avec sagesse, compassion et innovation.

La pratique de la respiration consciente peut nous ouvrir à des visions du monde qui transcendent le quotidien, nous invitant à voir chaque souffle comme une opportunité de transformation et de connexion. En prenant conscience de notre respiration, nous pouvons cultiver un sentiment d'harmonie avec nous-mêmes, les autres et le monde, nous engageant ainsi sur le chemin d'une vie éclairée, prophétique et résiliente.

I. FLUX ET REFLUX DANS L'ÉNERGIE SPIRITUELLE

L'énergie spirituelle est un concept difficile à saisir, ancré dans diverses traditions philosophiques, religieuses et psychologiques. Elle est souvent perçue comme une force subtile, capable d'influencer notre bien-être, nos émotions et notre rapport au monde. À travers le prisme du flux et du reflux, nous pouvons explorer comment cette énergie s'exprime dans nos vies, se manifeste à travers nos actions, pensées et interactions, et comment elle peut être cultivée ou entravée par divers facteurs internes et externes.

Le concept d'énergie spirituelle

L'énergie spirituelle est souvent associée à des dimensions psychiques et émotionnelles de l'existence humaine. Dans plusieurs traditions, elle est perçue comme une force vitale qui circule au sein de l'individu et entre les individus. Par exemple, en médecine traditionnelle chinoise, le concept de Qi représente cette force vitale, essentiel à la santé physique et mentale. Dans le cadre du yoga et de certaines pratiques du soufisme, on évoque également le concept de prana, ou souffle de vie.

Au-delà de ces conceptions, l'énergie spirituelle peut être comprise comme un état d'alignement intérieur qui favorise la créativité, l'amour, la compassion et la compréhension. C'est une force qui nous connecte à nous-mêmes, aux autres et à l'univers.

Le flux de l'énergie spirituelle

Le flux d'énergie spirituelle peut être compris comme un mouvement ascendant, une élévation de la conscience et de l'âme. Lorsqu'un individu vit des moments de plénitude, d'harmonie intérieure ou de connexion profonde, il ressent cette énergie comme un courant nourrissant. Ce flux est souvent favorisé par des pratiques telles que la méditation, la prière, la nature, l'art ou les relations authentiques.

Les catalyseurs du flux

1. Méditation et pleine conscience. : Ces pratiques permettent de calmer l'esprit et de se recentrer sur l'instant présent, facilitant l'émergence de cette énergie. En apaisant le mental, l'individu devient réceptif aux énergies environnantes et peut les canaliser de manière positive.

2. Nature et environnement : La nature, par sa beauté et sa sérénité, agit comme un amplificateur d'énergie spirituelle. Les promenades en forêt, les séjours en montagne ou simplement le fait de contempler un lever de soleil peuvent revitaliser l'esprit et le corps.

3. Relations authentiques : Le soutien et l'amour d'autrui créent un espace propice à l'échange d'énergie. Les conversations profondes, les rires partagés et l'entraide renforcent ce flux.

4. Créativité : L'art, qu'il soit musical, pictural ou littéraire, permet d'exprimer et de libérer une énergie spirituelle intrinsèque. La création est une manière de canaliser ses émotions et de donner naissance à quelque chose de nouveau.

Le reflux de l'énergie spirituelle

Le reflux de l'énergie spirituelle, en revanche, se manifeste par des périodes de stagnation, de fatigue, d'ennui ou de déconnexion. L'individu peut ainsi ressentir une lourdeur, une perte d'enthousiasme et une éloignement de soi-même et des autres.

- Les causes du reflux

1. Stress et anxiété : Ces états émotionnels bloquent le flot naturel de l'énergie spirituelle. Les préoccupations quotidiennes, le travail stressant ou des situations de crise personnelle peuvent entraîner un épuisement des ressources vitales.

2. Isolement social : L'éloignement des liens affectifs et des interactions humaines peut engendrer un sentiment de désespoir et un manque d'énergie.

3. Rigidité mentale : Une vision du monde trop étroite ou des croyances limitantes empêchent une ouverture à de nouvelles expériences, ce qui ralentit le flux d'énergie.

4. Épuisement physique : La négligence de son corps, l'absence d'activité physique ou de repos peuvent impacter directement la qualité de l'énergie spirituelle.

Les cycles de l'énergie spirituelle

À l'instar des marées, le flux et le reflux de l'énergie spirituelle se manifestent par des cycles naturels. Ces cycles peuvent être influencés par des événements externes (les saisons, les phases de la lune) ainsi que par des processus internes (émotions, réflexions, évolutions personnelles).

Le temps de l'introspection

Il est crucial de reconnaître que le reflux n'est pas uniquement une période négative. En effet, ces moments de retrait et d'introspection permettent souvent de faire le ménage intérieur, d'évaluer ses désirs, ses besoins et ses valeurs. Le reflux peut donc être un temps de renouvellement et de ressourcement qui favorise le retour au flux.

L'importance de l'équilibre

La clé réside dans l'équilibre entre le flux et le reflux. Accepter que ces périodes de calme et de recul existent fait partie intégrante de notre cheminement spirituel. Loin de représenter un échec, le reflux peut être une occasion d'apprentissage.

Pratiques pour cultiver l'énergie spirituelle

Pour maintenir un flux d'énergie spirituelle, il est essentiel d'adopter des pratiques qui nourrissent cette vitalité.

1. Créer une routine de méditation : Consacrer quelques minutes chaque jour à la méditation peut aider à recentrer l'esprit et à renouer avec soi-même.

2. Pratiquer la gratitude : Tenir un journal de gratitude aide à se concentrer sur les aspects positifs de la vie et à attirer davantage d'énergie positive.

3. Engagement dans des activités altruistes : Le bénévolat ou d'autres engagements communautaires renforcent le lien avec autrui et favorisent l'échange d'énergie.

4. Développer la créativité : Que ce soit par la musique, la peinture ou l'écriture, exprimer sa créativité est un excellent moyen de faire circuler l'énergie.

5. Se connecter à la nature : Passer du temps à l'extérieur, entouré de verdure, permet de se régénérer et de revitaliser son énergie spirituelle.

Le flux et le reflux de l'énergie spirituelle sont des aspects essentiels de notre existence. Avec une compréhension et une acceptation des cycles naturels de cette énergie, nous pouvons apprendre à naviguer à travers les moments de plénitude et de stagnation. Cultiver une attention à ces dynamiques, c'est s'ouvrir à une vie plus riche et authentique, pleine de conscience et de connexion. L'énergie spirituelle, bien que souvent intangible, constitue un élément puissant de notre humanité. Avec une pratique consciente, nous pouvons apprendre à surfer sur ces vagues, transformant chaque reflux en une opportunité de croissance, et chaque flux en une célébration de notre vitalité intérieure.

II . ALIGNEMENT AVEC SON ENVIRONNEMENT ET LES AUTRES

L'être humain est une espèce sociale, intrinsèquement liée à son environnement et aux autres. Cette interconnexion soulève des questions fondamentales sur notre contribution à la collectivité, notre place dans le monde naturel et les dynamiques qui nous unissent. L'alignement avec son environnement et les autres constitue une clé essentielle non seulement pour notre bien-être individuel, mais également pour la santé et la prospérité de la société toute entière.

1. L'Alignement avec l'Environnement

L'environnement, qu'il soit naturel ou urbain, joue un rôle cruciale dans notre existence. Nos interactions avec les éléments qui nous entourent déterminent notre mode de vie, nos habitudes et notre santé mentale. La nature a un impact direct sur notre ressenti ; des études montrent que passer du temps dans des lieux naturels réduit le stress, améliore la concentration et favorise un sentiment de bien-être. Ainsi, l'harmonie avec son environnement naturel doit être cultivée, non seulement pour notre bénéfice, mais aussi pour la préservation de notre planète.

1.1. La Nature comme Reflet de l'Homme

L'alignement avec l'environnement peut également se comprendre à travers l'idée que notre comportement et nos choix de vie ont des répercussions sur l'écosystème. La déforestation, la pollution et le changement climatique résultent de nos actions individuelles et collectives. Pour aligner nos vies avec celles de notre environnement, nous devons adopter des pratiques durables. Cela passe par un engagement à réduire notre empreinte écologique, à valoriser les ressources renouvelables et à agir en faveur de la biodiversité.

2. L'Alignement avec les Autres

L'interaction humaine est essentielle à notre évolution. Nos relations avec les autres façonnent nos identités, nos valeurs et notre compréhension du monde. L'alignement avec les autres implique la capacité à établir des connexions significatives, à cultiver l'empathie et à travailler ensemble vers un objectif commun.

2.1. L'Empathie comme Fondement des Relations

L'empathie est la pierre angulaire d'une société harmonieuse. Elle nous permet de comprendre les expériences des autres et d'agir avec compassion. Dans des sociétés où l'individualisme prévaut, la redécouverte de la solidarité et de l'empathie devient essentielle. Dans des situations de crise, par exemple, les communautés qui agissent ensemble sont souvent celles qui s'en sortent le mieux. L'alignement avec les autres passe donc par la reconnaissance de nos interdépendances et le développement d'une conscience collective.

2.2. La Communication et la Résolution des Conflits

L'alignement avec les autres requiert également une communication ouverte et honnête. Le dialogue est le moyen par lequel des différences peuvent être surmontées et des conflits résolus. En apprenant à écouter et à s'exprimer avec respect, nous pouvons bâtir des ponts entre diverses cultures et points de vue. Les initiatives qui favorisent le dialogue interculturel et intergénérationnel sont essentielles pour créer une société inclusive et harmonieuse.

3. L'Intégration des Dimensions Environnementale et Sociale

Pour vivre en harmonie avec notre environnement et avec autrui, il est crucial d'intégrer ces deux dimensions. La durabilité envahit de plus en plus les débats contemporains, non seulement dans le cadre de l'écologie, mais aussi dans le domaine des relations humaines. En effet, un environnement sain est synonyme de sociétés saines. Des initiatives qui allient préservation de l'environnement et inclusion sociale sont des modèles à suivre.

3.1. Les Initiatives Communautaires

Des projets communautaires qui combinent l'agriculture urbaine et l'économie sociale sont des exemples parfaits d'alignement entre l'environnement et les attentes des citoyens. Ces projets favorisent non seulement l'auto-suffisance alimentaire, mais créent également des liens sociaux forts et un sentiment d'appartenance parmi les participants. En se regroupant autour d'un objectif commun, les individus renforcent leur connexion à leur environnement tout en tissant des relations durables.

3.2. La Responsabilité Partagée

La responsabilité partagée est un aspect crucial de l'alignement avec son environnement et les autres. Que ce soit au niveau individuel ou collectif, il est important que chacun assume sa part de responsabilité en matière de développement durable et de bien-être social. Les gouvernements, les entreprises et les citoyens doivent collaborer pour développer des solutions qui bénéficient à tous. Ce sentiment de responsabilité collective engendrera une cohésion sociale plus forte et un respect accru de l'environnement.

L'alignement avec son environnement et les autres est fondamental pour construire un monde plus harmonieux. À travers une conscience écologique et un engagement empathique envers autrui, nous pouvons contribuer à un avenir où la durabilité et l'humanité s'entremêlent. Cela nécessite des efforts individuels mais également des transformations systémiques, où chaque voix compte et chaque action a son importance. La nécessité de vivre en accord avec notre environnement et nos semblables n'a jamais été aussi pressante. C'est à chacun de nous de jouer notre rôle dans cette quête d'harmonie collective.

III .   LA FRÉQUENCE PROPHÉTIQUE COMME COURANT NAVIGATOIRE

La notion de « fréquence prophétique » évoque une dimension spirituelle et existentielle qui transcende le simple concept d'un message divin. En tant que courant navigatoire, elle souligne la manière dont les croyances, les intuitions et les visions peuvent orienter et guider les individus dans leurs parcours de vie. Dans cet essai, nous explorerons comment la fréquence prophétique s'inscrit dans notre quotidien, influençant notre perception du monde, nos décisions, et même notre compréhension de l'interconnexion entre l'individu et le collectif.

I. La Prophétie : Une Dimension Universelle

1. Définition de la prophétie

La prophétie, quel que soit le contexte culturel ou religieux, est souvent perçue comme une communication divine, un message transcendant, destiné à éclairer ou avertir l'humanité. Les figures prophétiques dans diverses traditions spirituelles — des prophètes bibliques aux sages orientaux — apportent une sagesse intemporelle qui résonne à travers les âges et les civilisations.

2. Fréquence et vibration

La fréquence, au sens spirituel, fait référence à un état d'être ou à une vibration énergétique qui peut résonner avec les pulsations de l'univers. L'idée de « fréquence prophétique » se fonde sur la capacité des individus à s'aligner avec ces vibrations pour capter des messages ou des insights. Dans un monde assourdissant, où le bruit du quotidien peut submerger notre intuition, prendre conscience de cette fréquence devient un défi et un besoin.

II. Naviguer dans le Temps et l'Espace

1. Le courant navigatoire de la vie

Imaginer la vie comme un courant navigatoire implique une dynamique de mouvement, de flux et de reflux. La fréquence prophétique agit comme un compas, nous aidant à déterminer notre direction dans les eaux tumultueuses de l'existence. Elle nous permet d'identifier des opportunités, d'éviter des pièges et d'embrasser notre chemin unique.

2. L'importance de l'intuition

L'intuition, souvent dévaluée dans notre société moderne dominée par la logique et la rationalité, est en réalité un chef d'orchestre précieux dans ce courant navigatoire. Les moments d'inspiration ou de clairvoyance sont souvent des manifestations de cette fréquence, nous invitant à nous connecter à quelque chose de plus vaste. C'est dans ces instants que nous pouvons trouver des réponses aux questions existentielles qui nous préoccupent.

III. Les Obstacles à la Fréquence Prophétique

1. Les dissonances internes

Les doutes, les peurs et les conditionnements sociaux peuvent créer des dissonances qui nous empêchent de ressentir cette fréquence. La société contemporaine, par sa rapidité et sa superficialité, peut également nous éloigner de notre essence intime, nous détournant des messages prophétiques qui pourraient éclairer notre chemin.

2. Le bruit du monde moderne

La surcharge informationnelle et l'hyper-connectivité peuvent également atténuer notre capacité à écouter notre voix intérieure. Loin de la lenteur des moments de contemplation spirituelle, nous sommes souvent pris dans un tourbillon d'activités, nous privant du temps nécessaire pour ressentir et accueillir ce qui émerge de notre profondeur.

IV. Éveiller la Fréquence Prophétique

1. Pratiques spirituelles et méditatives

Pour rétablir la connexion avec cette fréquence, il est essentiel d'adopter des pratiques qui permettent d'apaiser l'esprit et d'aiguiser notre sensibilité. La méditation, le yoga, ou même des moments de solitude dans la nature peuvent devenir des catalyseurs pour retrouver notre boussole intérieure.

2. La créativité comme expression prophétique

L'art, sous toutes ses formes, peut également servir de canal pour exprimer et explorer cette fréquence. Que ce soit à travers la peinture, l'écriture, la musique ou d'autres formes d'expression, la créativité permet un dialogue avec des dimensions plus élevées de notre être et peut mener à des révélations qui guident notre chemin.

La fréquence prophétique, en tant que courant navigatoire, rappelle à chacun d'entre nous que nous sommes en quête de sens dans un monde en perpétuel mouvement. En nous connectant à cette dimension spirituelle, nous pouvons non seulement orienter notre propre vie, mais également contribuer à un élan collectif vers une compréhension plus profonde de notre existence.

Ainsi, naviguer sur cette mer d'incertitudes avec confiance et clairvoyance devient une aventure spirituelle, où chaque vague, chaque courant et chaque nuance de fréquence nous invite à explorer notre potentiel divin. En écoutant attentivement les murmures de cette fréquence, nous pouvons découvrir notre rôle unique dans le grand récit de l'humanité, contribuant à tisser un futur plus lumineux, empreint de sagesse et d'harmonie.

A. GUIDAGES SPIRITUELS À TRAVERS LA FRÉQUENCE

Depuis des siècles, l'humanité s'est interrogée sur le sens de sa vie et sur la nature de son existence. Les traditions spirituelles, les philosophies et la science se croisent souvent dans leur quête de vérité. Parmi ces interrelations, un concept émerge avec force : la fréquence. Que ce soit dans les enseignements anciens ou dans les découvertes modernes, l'idée que tout dans l'univers est connecté par des vibrations et des fréquences résonne profondément. Cet essai propose une exploration du guidage spirituel à travers la fréquence, en examinant comment les vibrations peuvent orienter nos vies, nos pensées et notre esprit.

I. La Nature de la Fréquence

La fréquence, dans un sens scientifique, se réfère au nombre de cycles d'une onde qui se produisent dans une unité de temps. Dans le domaine spirituel, ce concept s'étend bien au-delà : chaque être, chaque pensée, et chaque émotion possède sa propre fréquence vibratoire. La musique des sphères, des sons aux formes, des couleurs aux émotions, toutes ces dimensions vibratoires influencent notre expérience d'existence.

Les physiciens quantiques ont proposé que tout dans l'univers n'est qu'une vibration à différents niveaux de fréquence. Cela fait écho aux enseignements de plusieurs traditions spirituelles qui affirment que tout ce qui existe est interconnecté par une toile vibratoire.

2. Fréquences et État de Conscience

La fréquence de nos pensées et de nos émotions détermine notre état de conscience. Des études montrent que des émotions négatives, comme la peur ou la colère, émettent des vibrations basses, tandis que l'amour, la compassion et la gratitude émettent des vibrations élevées. Quand nous nous connectons à des fréquences plus élevées, nous accédons à des états de conscience supérieurs, favorisant l'éveil spirituel et la clairvoyance.

Le travail de méditation, de pleine conscience et d'autres pratiques spirituelles vise souvent à élever notre fréquence. Les pratiques de chant, de danse, ou encore l'écoute de musique harmonieuse peuvent agir comme des catalyseurs pour élever notre conscience et nous aligner sur notre véritable essence.

3.Les Outils du Guidage Spirituel

Plusieurs outils et techniques peuvent aider à se connecter à des fréquences élevées. Voici quelques-uns :

- Méditation   : La méditation profonde permet de calmer le mental et d'accéder à des niveaux de conscience plus élevés. En se concentrant sur sa respiration ou en répétant des mantras, on peut harmoniser les fréquences du corps et de l'esprit.

- Sons et Musique : Certaines fréquences sonores, comme les bols tibétains ou les chants harmonieux, peuvent induire des états méditatifs, favorisant ainsi la guérison et l'éveil spirituel.

- Nature   : Passer du temps dans la nature et se connecter à ses éléments peut augmenter notre fréquence vibratoire. Les sons de la nature, le chant des oiseaux ou le murmure des rivières ont un pouvoir apaisant et harmonisateur.

- Énergies Crystallines: Les cristaux et les pierres précieuses sont réputés pour leur capacité à élever la fréquence. Chacun possède sa propre vibration, permettant un potentiel de guérison et de connexion spirituelle.

3.   Intuition et Fréquence

L'intuition est souvent considérée comme un guide spirituel puissant. Lorsque notre fréquence est élevée, notre capacité à écouter notre intuition se renforce. Des décisions plus éclairées, des insights spirituels profonds et une connexion avec l'univers deviennent plus accessibles.

L'intuition peut être perçue comme une forme de résonance : une vibration que nous captons dans le silence intérieur. Les personnes qui cultivent cette écoute, par la méditation et d'autres pratiques, développent une conscience accrue des synchronicités et des signes que l'univers envoie.

5. Les Défis de l'Élévation Spirituelle

Élever sa fréquence n'est pas sans défis. Les émotions négatives, le stress et les pensées limitantes peuvent nous ancrer dans des vibrations basses. La clé réside dans la prise de conscience et l'acceptation de ces émotions sans jugement. En reconnaissant et en libérant ces énergies, nous nous permettons de vibrer plus haut.

De plus, il existe des influences extérieures, comme les environnements toxiques ou les relations dysfonctionnelles, qui peuvent abaisser notre fréquence. S'entourer de personnes positives et créer un espace de vie harmonieux sont des étapes essentielles pour maintenir une vibration élevée.

La spiritualité à travers la fréquence nous invite à redécouvrir notre connexion profonde avec l'univers. En comprenant que nous ne sommes pas isolés, mais partie intégrante d'une toile vibratoire, nous pouvons mieux naviguer dans nos vies. Le guidage spirituel à travers la fréquence est un chemin vers l'autonomie et l'éveil, favorisant une existence alignée avec notre essence la plus pure. Chaque note, chaque vibration, chaque pensée a le potentiel de nous guider vers une vie de sens, de lumière et d'amour. En nous élevant au-delà des limitations, nous entrons dans un espace où le divin se manifeste dans chaque respiration et chaque battement de cœur.

I. PERCEPTION DES SIGNES ET DES SYNCHRONICITER

Dans un monde en perpétuelle évolution, la quête de sens et de liens entre les événements semble occuper une place centrale dans notre existence. Les signes, ces manifestations souvent considérées comme des messages ou des présages, ainsi que les synchronicités, cette notion introduite par Carl Jung pour désigner des coïncidences significatives, sont deux concepts qui interrogent la nature de notre réalité. Ce texte vise à explorer la perception de ces phénomènes, leur impact sur notre vie quotidienne, et les réflexions philosophiques qu'ils suscitent.

I. La Nature des Signes et des Synchronicités

A. Définition des Signes

Les signes peuvent être définis comme des éléments de notre environnement qui semblent véhiculer des messages particuliers. Que ce soit à travers la nature, des rencontres fortuites ou des événements marquants, leur interprétation est souvent subjective et dépend du contexte personnel de chacun. Les traditions spirituelles et religieuses à travers le monde ont toujours accordé une importance particulière aux signes, les considérant comme des indices laissés par une force supérieure.

B. Les Synchronicités

Les synchronicités, quant à elles, sont des événements qui coïncident d'une manière significative sans lien de cause à effet apparent. Jung a postulé que ces coïncidences sont le reflet d'une interconnexion entre l'individu et l'univers, révélant un ordre caché derrière le chaos apparent de l'existence. La synchronicité interpelle notre compréhension du temps et de l'espace, nous poussant à envisager une réalité où les événements ne sont pas uniquement le fruit du hasard.

II. La Perception des Signes dans la Vie Quotidienne

A. Récits et Témoignages

De nombreuses personnes rapportent des expériences où des signes ont joué un rôle crucial dans leurs choix de vie. Cela peut aller d'une rencontre fortuite qui change le cours d'une carrière à des événements culturels ou naturels qui semblent résonner avec des émotions profondes. Ces récits, souvent ancrés dans une quête de sens, soulignent la manière dont la perception des signes influence la prise de décision et peut renforcer un sentiment de connexion avec le monde.

B. Impact Psychologique

La perception des signes peut également avoir un impact psychologique significatif. Dans des moments de crise ou d'incertitude, des signes peuvent offrir une forme de réconfort ou de direction. Ils peuvent renforcer la résilience et aider à naviguer à travers des périodes difficiles en fournissant un sentiment d'accompagnement ou de protection.

A. Différencier Signes et Synchronicités

Il est crucial de différencier signes et synchronicités. Tandis que les signes peuvent encourager l'introspection et l'analyse personnelle, les synchronicités invitent à une contemplation plus profonde sur la nature de la réalité et notre place dans celle-ci. Cette distinction ouvre la voie à des réflexions sur le libre arbitre, le destin, et l'idée d'un univers interconnecté.

B. La Philosophie de la Synchronicité

La synchronicité pousse à repenser notre conception du temps et de l'espace. Elle suggère que nos vies ne sont pas simplement des trajectoires linéaires, mais font partie d'un tissu plus vaste d'événements significatifs. Cela pose la question de la causalité et de la manière dont nous percevons notre place dans le monde. Certains philosophes, comme Henri Bergson, ont exploré ces idées sur le temps vécu versus le temps mesuré, relevant une dimension spirituelle à nos expériences.

IV. Les Signes et la Spiritualité

A. Approches Spirituelles

À travers les âges, les signes et les synchronicités ont souvent été interprétés dans des contextes spirituels. Les traditions ésotériques, le christianisme, le taoïsme, et bien d'autres, ont considéré ces phénomènes comme des manifestations divines ou comme des messages de l'âme.

B. Une Pratique de Vie

Pour beaucoup, apprendre à lire les signes et à reconnaître les synchronicités devient une pratique spirituelle à part entière. Cela implique une ouverture à l'inattendu et une capacité à se détacher des schémas de pensée habituels. Cette ouverture peut enrichir notre compréhension de la vie et renforcer notre connexion à quelque chose de plus grand que soi.

V. Les Limites de la Perception des Signes et des Synchronicités

A. Risques de Surinterprétation

Il existe une limite aux interprétations que l'on peut donner aux signes et aux synchronicités. La tendance à surinterpréter des événements peut mener à des croyances erronées ou à des déceptions. Il est essentiel de maintenir un équilibre entre l'ouverture d'esprit et un esprit critique.

B. Le Sujet de l'Illusion

La perception subjective joue un rôle clé dans la façon dont les signes et les synchronicités sont vécus. Ce qui peut sembler significatif pour une personne peut apparaître comme un simple hasard pour une autre. Cette disparité souligne la complexité de la condition humaine, où chaque individu construit sa réalité à partir de ses expériences personnelles et de ses croyances.

La perception des signes et des synchronicités est une exploration fascinante des liens entre l'individu et l'univers. Bien qu'enracinée dans des expériences subjectives, cette quête de sens enrichit notre compréhension de la vie et de la réalité. En demeurant ouverts à ces éléments tout en gardant un esprit critique, nous pouvons naviguer avec sagesse et profondeur à travers les mystères qui nous entourent. Qu'il s'agisse de signes éclairant notre chemin ou de synchronicités révélant des vérités cachées, ces expériences peuvent devenir de précieux alliés dans notre quête pour donner sens à notre existence.

II. RÔLE DES MENTORS ET GUIDES SPIRITUELLES DANS LA NAVIGATION

La quête de sens dans nos vies a toujours été centrale à l'expérience humaine. Depuis des siècles, les mentors et les guides spirituels jouent un rôle fondamental dans cette quête, agissant comme des phares dans les moments d'incertitude et de crise. Que ce soit à travers des traditions religieuses formelles, des philosophies de vie ou des pratiques spirituelles modernes, ces figures nous aident à naviguer à travers les défis, à explorer notre identité et à découvrir notre place dans l'univers. Cet essai explore le rôle multidimensionnel des mentors et des guides spirituels, en examinant leur influence sur notre développement personnel, le processus de prise de décision et notre connexion avec le monde.

I. La Définition des Mentors et Guides Spirituels

Avant d'explorer leurs rôles, il est essentiel de définir ce que nous entendons par mentors et guides spirituels. Un mentor est généralement perçu comme un individu ayant une expérience significative qui partage sa sagesse et son expertise avec un mentoré. Les guides spirituels, quant à eux, peuvent être des enseignants spirituels, des gourous, des chamans ou même des figures de sagesse qui aident les individus à se connecter à un niveau plus profond avec eux-mêmes et avec leur environnement.

II. L'Importance de l'Accompagnement dans le Voyage Intérieur

1. Éveil de la Conscience

Un des rôles les plus cruciaux d'un mentor spirituel est d'aider à l'éveil de la conscience. À l'instar de Socrate, qui encourageait ses disciples à questionner leurs croyances, un mentor peut inciter le mentoré à réfléchir sur ses valeurs, ses objectifs et son parcours de vie. Cet éveil est souvent le premier pas vers une transformation personnelle.

2. Soutien Émotionnel et Spirituel

Les mentors offrent un espace sûr pour explorer des émotions complexes, des doutes et des peurs. En étant à l'écoute et en fournissant des conseils, ils aident à renforcer la résilience et à favoriser l'acceptation de soi, éléments cruciaux dans tout voyage spirituel.

3. Promotion de la Discipline et de la Pratique

Les pratiques spirituelles nécessitent souvent une discipline constante. Un mentor peut guider le mentoré dans l'établissement de rituels, de méditations ou d'autres pratiques qui favorisent l'évolution spirituelle. Par cette régularité, le mentoré développe une certaine constance et une connexion plus profonde avec ses aspirations.

III. Rôle des Mentors dans la Prise de Décisions

1. Clarification des Valeurs

Les mentors aident à clarifier les valeurs de vie du mentoré, ce qui est fondamental lors de la prise de décisions complexes. En discutant des choix potentiels et de leurs implications, les mentors permettent aux individus de faire des choix en accord avec leur éthique personnelle.

2. Élargissement des Perspectives

En partageant leurs propres expériences, les mentors offrent des perspectives qui peuvent ne pas être disponibles pour le mentoré. Cela permet une vision plus large des options disponibles et peut conduire à des décisions plus éclairées.

3. Encourager le Risque Calculé

Un bon mentor saura quand encourager son disciple à sortir de sa zone de confort. Cela peut impliquer d'accepter des risques, de faire des choix audacieux et de surmonter des obstacles. Ces moments deviennent des opportunités d'apprentissage et de croissance significatives.

IV. La Dimension Communautaire des Mentors Spirituels

1. Création de Liens

Les mentors ne sont pas seulement des conseillers; ils peuvent aussi faciliter la création de liens entre des personnes partageant des aspirations et des défis similaires. Ces connexions renforcent le sentiment d'appartenance et de communauté, essentiels à la navigation des expériences humaines.

2. Transmission de Savoirs Ancestraux

Dans de nombreuses cultures, les guides spirituels sont des gardiens de traditions et de sagesses anciennes. Ils transmettent des connaissances qui relient les générations et donnent un sens d'appartenance à une histoire plus vaste.

V. Les Limites et Défis des Relations Mentorales

1. Idéalisation et Déception

Il est facile d'idéaliser un mentor, ce qui peut conduire à des attentes irréalistes. Si le mentor ne peut pas répondre à ces attentes, cela peut entraîner une déception, voire une rupture de la relation.

2. Dépendance Émotionnelle

Une relation de mentorat peut parfois conduire à une dépendance, où le mentoré s'appuie trop sur le mentor pour des conseils, perdant ainsi la capacité de prendre des décisions par lui-même.

3. Évolution des Mentors

Les mentors eux-mêmes évoluent. Un mentor qui a été efficace à un moment de la vie d'un individu peut ne pas l'être nécessairement plus tard. Il est donc crucial de reconnaitre que ces relations doivent être dynamiques.

Les mentors et les guides spirituels jouent des rôles essentiels dans la navigation de notre vie, offrant soutien, sagesse et direction. Leur impact se fait sentir à travers l'éveil de la conscience, l'accompagnement émotionnel, l'aide à la prise de décisions réfléchies et la création de liens communautaires. Cependant, il est crucial d'aborder ces relations avec discernement, en étant conscient de leurs limites, afin de garantir qu'elles restent bénéfiques et équilibrées. En fin de compte, ces mentors peuvent enrichir notre parcours vers une vie plus éclairée, offrant des outils pour interroger, grandir et se connecter de manière authentique au monde qui nous entoure.

B. LES ENJEUX DE LA CONNEXION SPIRITUELLE

La connexion spirituelle représente un enjeu fondamental dans la quête humaine de sens, d'identité et de relation avec autrui et le monde. À une époque moderne souvent marquée par l'individualisme, la technologie et le matérialisme, la recherche d'une dimension spirituelle ouvre la voie à une réflexion profonde sur notre existence, nos valeurs et notre place dans l'univers. Cet essai se propose d'explorer les enjeux de la connexion spirituelle à travers plusieurs axes : la quête de sens, le lien social, l'épanouissement personnel et l'impact sur l'environnement.

1. La quête de sens

La quête de sens est sans doute l'un des aspects les plus fondamentaux de la connexion spirituelle. Les philosophies et religions du monde entier affirment que l'être humain est en quête d'une vérité plus profonde, d'une compréhension qui dépasse les apparences. Cette recherche peut se manifester sous diverses formes : pratiques religieuses, méditation, contemplation de la nature ou exploration des arts.

Dans un monde où les repères traditionnels sont souvent remis en question, beaucoup ressentent un vide existentiel. Selon des études sociologiques, la solitude et l'anxiété sont des problèmes croissants dans nos sociétés contemporaines. La connexion spirituelle peut alors servir de rempart contre ce mal-être, en offrant des réponses aux grandes questions de la vie : Qui suis-je ? Quel est mon but ? Que se passe-t-il après la mort ? En répondant à ces interrogations, la spiritualité permet d'accéder à une forme de paix intérieure et d'apaisement, indispensable dans nos existences mouvementées.

1.1 Le lien social

Un autre enjeu majeur de la connexion spirituelle réside dans sa capacité à tisser des liens sociaux. Que ce soit à travers des rites, des célébrations ou des pratiques communautaires, la spiritualité renforce les relations interpersonnelles et favorise un sentiment d'appartenance. Les communautés spirituelles, qu'elles soient basées sur la foi ou des philosophies laïques, offrent une plateforme où les individus peuvent échanger, partager leurs expériences et se soutenir mutuellement.

Dans un monde où l'isolement social peut provoquer des souffrances psychologiques, l'appartenance à une communauté spirituelle peut être une source de réconfort et de soutien. Les valeurs humaines partagées, comme la compassion, l'amour et le respect, contribuent à bâtir des relations harmonieuses. De plus, ce lien social est souvent élargi aux dimensions intergénérationnelles et interculturelles, favorisant ainsi la compréhension, la tolérance et le dialogue entre des personnes de divers horizons.

2 L'épanouissement personnel

La connexion spirituelle est également un vecteur d'épanouissement personnel. La pratique de la méditation, par exemple, a été reconnue pour ses bienfaits sur la santé mentale et physique. En cultiver des moments de silence et de réflexion permet de mieux se connaître, de lâcher prise sur les pensées négatives et de se concentrer sur l'essentiel. L'épanouissement personnel n'est pas seulement une quête individuelle ; il s'inscrit également dans une dynamique collective.

En trouvant un équilibre entre nos aspirations personnelles et notre responsabilité envers les autres, nous développons des qualités essentielles comme l'empathie, la résilience et la créativité. Ainsi, la connexion spirituelle devient un moteur d'évolution, permettant d'affronter les défis de la vie avec confiance et sérénité. De nombreuses traditions spirituelles encouragent également l'idée de servir autrui, renforçant l'idée que notre épanouissement est souvent lié à celui des autres.

2.1 L'impact sur l'environnement

Enfin, un enjeu souvent négligé de la connexion spirituelle est son impact sur notre rapport à l'environnement. De nombreuses traditions spirituelles enseignent un profond respect pour la nature et encouragent un mode de vie durable. La reconnexion avec la terre et la reconnaissance de notre interconnexion avec tous les êtres vivants sont essentielles pour préserver notre planète.

Dans un contexte d'urgence climatique, la spiritualité offre une perspective holistique qui nous pousse à prendre conscience de nos actions. En favorisant un sentiment d'émerveillement et de gratitude envers la nature, la connexion spirituelle peut inciter à adopter des comportements écoresponsables. Elle nous rappelle que chaque geste compte et que notre bien-être est intrinsèquement lié à celui de l'écosystème dans son ensemble.

En définitive, les enjeux de la connexion spirituelle sont multiples et interconnectés. Elle offre une réponse à la quête de sens, renforce les liens sociaux, favorise l'épanouissement personnel et encourage un rapport respectueux à l'environnement. Dans une société de plus en plus complexe et déshumanisée, la reconnexion à notre dimension spirituelle apparaît comme une voie précieuse vers l'harmonie, tant au niveau individuel que collectif.

I. ÉCOUTE DES AVERTISSEMENTS ET DES DIRECTIONNEMENTS INTERIEURE

Dans un monde où le bruit incessant de l'information et des attentes sociétales peut rapidement submerger notre esprit, l'écoute des avertissements et des directionnements intérieurs devient une compétence essentielle. Cet essai explore comment ces signaux internes, souvent qualifiés d'intuition ou de voix intérieure, peuvent guider nos décisions, enrichir nos vies et favoriser notre bien-être.

1. Qu'est-ce que l'intuition ?

L'intuition est souvent décrite comme un savoir immédiat, une compréhension sans raisonnement conscient. Elle peut se manifester sous forme de sensations corporelles, d'images mentales ou de sentiments soudains.

En psychologie, on estime que ce phénomène est le résultat d'une accumulation de connaissances et d'expériences, où notre cerveau, à un niveau subconscient, traite des données et fait des connexions que nous ne sommes pas toujours en mesure de verbaliser.

II. L'importance d'écouter notre voix intérieure

1. Prendre des décisions éclairées

L'une des fonctions principales de l'intuition est de nous aider à prendre des décisions. Lorsque nous sommes confrontés à des choix difficiles, notre voix intérieure peut nous guider vers ce qui est en accord avec nos valeurs et nos désirs. Par exemple, dans le domaine professionnel, écouter notre intuition peut nous aider à choisir une carrière ou une opportunité qui résonne profondément avec qui nous sommes.

2. Éviter les dangers

L'intuition joue également un rôle crucial dans notre capacité à détecter des dangers potentiels. Des études montrent que, dans des situations stressantes ou menaçantes, des signaux subtils peuvent alerter notre instinct de survie. Parfois, ce peut être un malaise inexplicable en présence de certaines personnes ou dans des environnements inconnus. Écouter ce malaise peut nous protéger de décisions ou de relations nuisibles.

3. Renforcer notre créativité

De nombreux artistes et créateurs affirment que leur succès repose sur leur capacité à écouter leur intuition. Parfois, des idées brillantes apparaissent sans que l'on sache d'où elles viennent. En favorisant un environnement où l'on peut écouter et explorer ces inspirations intérieures, nous ouvrons la voie à des créations authentiques et innovantes.

III. Les obstacles à l'écoute de notre voix intérieure

1. Le bruit extérieur

La société moderne regorge de distractions, qu'il s'agisse des médias sociaux, des attentes professionnelles ou des normes culturelles. Ce bruit peut rendre difficile l'écoute de notre voix intérieure. Pour y remédier, il est essentiel de créer des espaces de calme, méditer ou passer du temps dans la nature. Ces moments de silence peuvent permettre à notre intuition de se manifester plus clairement.

2. La peur et le doute de soi

La peur de prendre de mauvaises décisions peut également étouffer notre intuition. Lorsque nous sommes confrontés à des choix, le doute et l'anxiété peuvent masquer notre voix intérieure. Il est crucial d'apprendre à distinguer la vraie intuition, souvent calme et sûre, de la peur, qui est souvent bruyante et accablante. Cultiver la confiance en soi et accepter que des erreurs font partie du processus peuvent contribuer à renforcer notre écoute intérieure.

3. Le manque de pratique

Comme toute compétence, l'écoute de notre intuition nécessite de la pratique. Certaines techniques, comme l'écriture journalier, la méditation et la prise de moments de réflexion réguliers, peuvent aider à affiner notre sensibilité aux signaux intérieurs. Ces pratiques permettent de mieux comprendre et interpréter les messages que nous recevons.

IV. Méthodes pour développer l'écoute des directionnements intérieurs

1. La méditation

La méditation est une pratique puissante pour se connecter à notre voix intérieure. En nous entraînant à écouter notre souffle et à observer nos pensées sans jugement, nous apprenons à différencier les bruits de fond de notre véritable sagesse intérieure. Des applications et des ressources en ligne peuvent aider à initier cette pratique pour ceux qui n'ont jamais médité auparavant.

2. L'écriture réflexive

Tenir un journal peut être un excellent moyen d'explorer nos pensées et nos sentiments. En écrivant régulièrement, nous pouvons commencer à identifier des motifs récurrents ou des réflexions profondes qui ne se manifestent pas toujours en pleine conscience. Cela peut aider à éclaircir notre pensée et à mieux comprendre ce que nous ressentons réellement dans diverses situations.

3. La connexion avec la nature

Passer du temps à l'extérieur peut également renforcer notre capacité à écouter notre voix intérieure. La nature offre un environnement calme où les distractions sont réduites, permettant une réflexion plus profonde. Que ce soit une simple promenade dans un parc ou un trek en montagne, ces moments de tranquillité favorisent l'introspection et l'écoute de soi.

V. Les bienfaits de l'écoute des directionnements intérieurs

1. Augmentation de la confiance en soi

Lorsque nous commençons à écouter et à suivre notre intuition, nous développons lentement une plus grande confiance en nous-mêmes. Chaque fois que nous prenons une décision basée sur notre voix intérieure et que nous voyons des résultats positifs, cela renforce notre capacité à faire confiance à nos propres jugements à l'avenir.

2. Amélioration des relations personnelles

Écouter notre intuition peut également améliorer nos relations. En étant plus en contact avec nous-mêmes, nous sommes mieux équipés pour établir des limites et prendre des décisions qui favorisent des interactions saines. La capacité à identifier ce qui nous convient et ce qui ne nous convient pas peut nous aider à cultiver des relations plus authentiques.

3. Bien-être général

Finalement, une connexion plus forte avec notre voix intérieure peut conduire à un bien-être général accru. Lorsque nous vivons en accord avec nos valeurs et nos désirs, nous éprouvons une plus grande satisfaction et un sens accru de la joie. Cela se traduit également par une réduction du stress et de l'anxiété.

L'écoute des avertissements et des directionnements intérieurs est une compétence essentielle à développer dans notre quête d'une vie épanouissante. En apprenant à reconnaître et à valoriser notre intuition, nous pouvons prendre des décisions plus éclairées, éviter les dangers, renforcer notre créativité et améliorer notre bien-être général. Les défis que nous rencontrons en tant qu'individus — le bruit extérieur, la peur et le manque de pratique — ne doivent pas nous décourager, mais peuvent plutôt être vus comme des occasions d'apprendre et de grandir. En intégrant des pratiques comme la méditation et la réflexion à notre quotidien, nous pouvons devenir des adeptes de notre propre sagesse intérieure et naviguer la vie avec une clarté accrue et une profonde satisfaction.

II. INTERGRATION DES ENSEIGNEMENTS POUR UN CHANGEMENT POSITIF

L'intégration des enseignements en tant qu'outil de transformation personnelle et collective est au cœur d'une réflexion nécessaire sur les sociétés modernes. Alors que nous traversons une période de bouleversements sociaux, économiques et environnementaux, il devient impératif d'extraire des leçons du passé et des enseignements contemporains pour engendrer un changement positif. Cet essai s'articulera autour de plusieurs axes : l'importance de l'éducation, l'apprentissage des erreurs, l'échange de savoirs interculturels et le rôle des technologies dans le partage des connaissances.

1. L'importance de l'éducation

L'éducation est souvent considérée comme la pierre angulaire de toute société en quête de changement positif. Elle ne se limite pas à une transmission de savoirs académiques mais englobe également des valeurs essentielles telles que l'empathie, la solidarité et la responsabilité. Une éducation inclusive et accessible à tous peut réduire les inégalités et favoriser un développement social équilibré.

L'éducation doit aussi être adaptable, intégrant les enjeux contemporains tels que la durabilité, le respect de l'environnement, et les droits humains. En adaptant les programmes scolaires pour inclure ces thématiques, nous préparons les générations futures à devenir des citoyens éclairés et engagés, capables d'agir pour un changement positif.

2. Apprendre des erreurs

Les erreurs constituent souvent des occasions d'apprentissage significatives. L'histoire regorge d'exemples où les échecs ont conduit à des avancées notables. C'est à travers l'analyse critique de nos échecs que nous pouvons extraire des enseignements visant à éviter leur répétition. Encourager une culture du retour d'expérience, tant au niveau individuel que collectif, permet de ne pas stigmatiser l'échec, mais de le voir comme une étape dans le processus d'apprentissage.

L'implémentation d'une telle culture nécessite du temps et un changement de mentalité, surtout dans des environnements où l'échec est perçu négativement. Cependant, en créant des espaces sécurisés où les individus peuvent exprimer leurs faiblesses sans crainte de répercussions, nous pouvons bâtir des communautés plus résilientes et innovantes.

3. Échanges interculturels de savoirs

Dans un monde globalisé, les échanges interculturels jouent un rôle primordial dans l'enrichissement des perspectives et des pratiques. Chaque culture détient des enseignements précieux, qu'il s'agisse de modes de vie, de pratiques respectueuses de l'environnement ou de conceptions de la société. L'intégration de ces savoirs peut guider les communautés vers des solutions durables et adaptatives.

À titre d'exemple, les concepts autochtones de gestion des ressources naturelles, souvent fondés sur l'harmonie et le respect de la nature, peuvent offrir des perspectives nouvelles face aux défis environnementaux actuels. De même, la sagesse collective des communautés marginalisées, souvent négligée, peut inspirer des approches novatrices pour le développement durable.

4. Le rôle des technologies

Les technologies de l'information et de la communication (TIC) sont des outils puissants pour la diffusion des enseignements et l'éducation. Internet et les plateformes numériques facilitent l'accès à un savoir global, permettant à chacun de bénéficier d'une éducation tout au long de la vie, quelles que soient ses origines.

Cependant, il est crucial de garantir l'inclusivité numérique, afin que toutes les couches de la population puissent profiter de ces avancées technologiques. Les initiatives visant à combler la fracture numérique sont essentielles pour que l'intégration des enseignements soit véritablement universelle et efficace.

5. L'engagement communautaire

Le changement positif ne peut être atteint sans l'engagement des communautés locales. Les initiatives de participation citoyenne, basées sur des projets collaboratifs et des actions collectives, renforcent le tissu social et favorisent l'appropriation des savoirs. Ces projets communautaires permettent non seulement de répondre à des besoins spécifiques, mais aussi d'éveiller les consciences à l'importance de l'engagement collectif pour le bien commun.

Investir dans la formation des leaders communautaires et des facilitateurs est également crucial pour promouvoir un cadre de confiance et d'écoute qui favorisera le partage des connaissances et des expériences.

II.   LES LOIS ET PRINCIPES

L'idée de "fréquence prophétique" peut sembler ésotérique pour certains, mais elle repose sur des concepts ancrés tant dans la spiritualité que dans la psychologie humaine.

Pour opérer à cette fréquence, il est impératif de comprendre les lois et principes qui régissent notre interaction avec le monde spirituel. Cet essai s'efforcera de dévoiler les fondements de cette pratique, d'explorer les manières de s'y engager, ainsi que de discuter des limites et des précautions à prendre.

1. Compréhension des Fréquences Spirituelles

1.1 Définition des Fréquences

Les fréquences, en termes spirituels, réfèrent aux vibrations énergétiques que les individus et les éléments de l'univers émettent. Tout est énergie, et chaque pensée, émotion ou intention émet une fréquence qui peut interagir avec d'autres énergies.

1.2 Lien entre Fréquence et Prophétie

La prophétie, souvent considérée comme une capacité à percevoir l'avenir ou à recevoir des messages divins, exige une attunement à des fréquences particulièrement élevées. En résonnant avec ces vibrations spécifiques, il est possible de recevoir des visions, des intuitions ou des messages.

2. Lois Universelles et Principes Spirituels

2.1 La Loi de la Vibration

La première loi fondamentale est celle de la vibration. Cette loi stipule que tout, y compris nos pensées et émotions, vibre à une certaine fréquence. Pour accéder à une fréquence prophétique, il est essentiel d'élever sa propre vibration à un niveau compatible.

2.2 La Loi de l'Attraction

La loi de l'attraction soutient que nous attirons ce qui est en résonance avec notre propre énergie. Une personne qui émet une fréquence positive attirera des événements et des personnes similaires.

2.3 La Loi de la Transformation

La transformation personnelle est essentielle. Cela signifie qu'une personne doit être prête à abandonner des croyances limitantes et à évoluer sur le chemin spirituel pour accéder à des niveaux de conscience plus élevés.

3. Techniques pour Élever sa Fréquence

3.1 Méditation et Prière

La méditation, notamment par la pleine conscience et des visualisations, aide à calmer l'esprit et à entrouvrir les portes du monde spirituel. La prière, quant à elle, sert à établir une connexion avec des entités spirituelles ou divines.

3.2 Pratiques de Gratitude

Exprimer de la gratitude élève considérablement la fréquence vibratoire. En se concentrant sur ce qui est positif dans sa vie, une personne peut changer sa perception et attirer des énergies plus élevées.

3.3 Équilibre Émotionnel

La gestion des émotions est cruciale. Éviter de se laisser submerger par des émotions négatives contribue à maintenir une vibration élevée. Des pratiques comme le journalisme émotionnel ou le travail thérapeutique peuvent être bénéfiques.

4. Connexion avec le Monde Spirituel

4.1 Intuition et Clairvoyance

Développer son intuition est un outil précieux pour accéder à des messages prophétiques. Cela peut passer par des exercices de clairvoyance, où l'on apprend à faire confiance à ses perceptions intérieures.

5. Éthique et Responsabilités

5.1 Respect des Autres

Il est essentiel de pratiquer la fréquence prophétique avec respect et éthique. Cela signifie que les messages reçus doivent être utilisés de manière constructive et jamais pour manipuler ou contrôler autrui.

5.2 Conscience de Soi

Une profonde introspection est nécessaire pour éviter que les désirs personnels n'obscurcissent la pureté des messages reçus. La recherche honnête de la vérité doit primer sur l'ego.

Accéder à des fréquences élevées peut parfois ouvrir des portes que l'on ne saurait refermer. Les personnes peu préparées peuvent rencontrer des énergies perturbatrices ou des expériences désorientantes.

6.2 Importance de l'Accompagnement

Il peut être judicieux de rechercher le soutien d'un mentor spirituel ou d'un groupe de pratique pour guider ce chemin, surtout pour les novices.

Opérer à une fréquence prophétique est un chemin qui nécessite engagement, respect et une profonde compréhension des lois et principes spirituels. En élevant notre vibration personnelle et en cultivant des pratiques saines, nous pouvons nous ouvrir à des expériences enrichissantes et profondes. Toutefois, il est fondamental d'aborder cette quête avec précaution et responsabilité, pour garantir que notre voyage spirituel soit à la fois éclairant et bénéfique, tant pour nous que pour notre entourage.

V. META-COMMUNICATION

La métacommunication est un concept complexe qui désigne la façon dont la communication est influencée par des messages qui ne sont pas nécessairement verbaux. En d'autres termes, il s'agit de la communication sur la communication elle-même. Dans le cadre de la "fréquence prophétique", ce terme peut se référer à la manière dont les messages, les symboliques et les contextes affectent la réception des prophéties ou des déclarations visionnaires.

La fréquence prophétique, quant à elle, peut être comprise comme une zone perceptuelle où les individus sont plus réceptifs aux messages considérés comme illuminants, transformants ou révélateurs. Ces messages ne se limitent pas à des contenus explicites; ils sont souvent imprégnés de dimensions culturelles, historiques et émotionnelles qui les rendent plus puissants. La métacommunication devient ici un outil crucial pour décoder ces subtilités.

Dans ce contexte, la métacommunication peut se manifester à travers plusieurs formes : le langage non verbal, les intonations, le choix des mots, ainsi que le cadre spatio-temporel qui entoure l'acte de communication. Par exemple, une prophétie exprimée dans un cadre sacré, riche en histoire et en tradition, revêt une signification différente de celle formulée dans un contexte plus profane et désincarné. Les émetteurs de messages prophétiques sont souvent très conscients de cette dimension, et ils utilisent des techniques métacommunicatives pour renforcer l'impact de leur message. Cela peut inclure l'utilisation de symboles, de rituels, mais aussi de la mise en scène des discours.

Prenons l'exemple des figures prophétiques dans diverses traditions religieuses. Ces figures, comme les prophètes de l'Ancien Testament, ont toujours su jouer sur la forme, le ton, et le médium de leur communication. La manière dont ils délivrent leur message influence la perception et l'interprétation de ce message par leurs auditeurs. Ils installent un climat de expectative, d'émerveillement, voire de crainte, ce qui contribue à enflammer l'imagination collective.

En clé moderne, la métacommunication dans la fréquence prophétique peut aussi se situer dans le débat public, par exemple autour des sujets environnementaux ou sociaux. Les leaders d'opinion utilisent souvent un langage métaphorique et des récits qui transcendentalisent des réalités contemporaines, en faisant appel à l'émotionnel et à l'interprétation personnelle. Ici, les métamessages se font encore davantage sentir lorsque l'on considère le contexte : une conférence sur l'écologie ressentie comme un appel à un changement collectif, par exemple, peut émerger des simples faits scientifiques pour devenir un élan prophétique vers un avenir souhaité.

Cependant, le danger de la métacommunication dans la fréquence prophétique réside dans la manipulation. Les discours peuvent être déviés, déformés, ou utilisés pour instrumenter des idéologies. La voix du prophète peut alors devenir celle qui justifie des comportements ou des actions questionnables, en créant une chape de sens communal qui est difficile à remettre en cause. Ici, la vigilance critique est d'une importance capitale.

la métacommunication joue un rôle fondamental dans la fréquence prophétique, enrichissant et complexifiant le récit des messages qui transcendent les mots. La façon dont ces messages sont transmis, enveloppés et perçus peut renforcer leur portée, mais elle peut aussi en altérer le sens. Par conséquent, comprendre ces dynamiques devient crucial tant pour les communicateurs que pour ceux qui reçoivent ces messages prophétiques. C'est cette danse entre le verbal et le non-verbal, entre l'émetteur et le récepteur, qui façonne les narrations prophétiques et leur impact sur la société.

I. PARALANGAGE DU FRÉQUENCE PROPHÉTIQUE

Le concept de paralangage, souvent considéré comme l'ensemble des éléments paralinguistiques qui accompagnent la communication verbale, trouve une résonance fascinante lorsqu'on l'applique à la notion des prophètes en tant que récepteurs d'une révélation divine. Dans cette métaphore, les prophètes jouent le rôle de récepteurs, tandis que le divin se positionne comme l'émetteur, créant ainsi un système de communication transcendant qui défie les limites du langage humain.

Le paralangage englobe divers aspects de la communication tels que le ton, l'intonation, le rythme, et même les silences. Dans le contexte des prophètes, ces éléments peuvent être perçus comme les fréquences variées sur lesquelles le divin "émets" son message. Les prophètes, dotés d'une sensibilité particulière, agissent comme des antennes capables de capter ces signaux spirituels. Chaque prophète, en fonction de son contexte culturel et historique, interprète ces fréquences à sa manière, ce qui engendre une diversité d'expressions religieuses et de doctrines.

Cette dynamique de communication met en lumière la manière dont le message divin est transmis et reçu. Tout comme une onde radio exige un récepteur adéquat pour être décodée, il en va de même pour les révélations sacrées. Les prophètes, au travers de leurs vies, incarnent un espace unique où le divin se manifeste. Leur expérience personnelle, leurs luttes et leurs victoires deviennent les filtres par lesquels ces messages sont compris et diffusés. Cela soulève des questions essentielles sur la subjectivité de la révélation : peut-on parler d'une vérité unique lorsque chaque récepteur interprète le message selon son propre prisme ?

Par ailleurs, la diversité des langages — au sens littéral et figuré — offre une richesse inestimable à la tradition prophétique. Chaque culture a ses propres codes et références qui influencent la manière dont le sacré est perçu. Dans ce cadre, le divin émet simultanément sur différentes fréquences, et chaque prophète devient le vecteur d'une compréhension spécifique de cette parole. Il ne s'agit donc pas seulement d'un transfert d'informations mais d'une véritable co-construction du sens.

Néanmoins, cette approche a ses limites. La communication divine, bien que riche et complexe, souffre du risque de malentendus. Si un prophète est un récepteur, il est également un médiateur, un interprète qui, en raison de son humanité, peut involontairement déformer le message. La tradition religieuse est donc parsemée de débats théologiques et d'interprétations contradictoires, révélant les tensions entre le message originel et sa réception. La recherche de la vérité devient alors un parcours laborieux où chaque époque soulève de nouvelles questions et interprétations.

Pour conclure, envisager les prophètes comme des récepteurs d'un message divin émis sur diverses fréquences permet d'éclairer la complexité des interactions entre le sacré et l'humain. Cette métaphore souligne à la fois la beauté de la diversité religieuse, tout en rappelant que la quête du sens est un voyage intrinsèquement humain, marqué par l'ambiguïté et l'interprétation. Le paralangage dans cette dimension devient ainsi un outil précieux pour appréhender la façon dont l'humanité tente de dialoguer avec le divin. Par ce prisme, la communication entre l'Éternel et l'homme se révèle à la fois précieuse et problématique, invitant chacun à s'interroger sur son propre rapport à la transcendance

I. INTERFÉRENCE DE LA COMMUNICATION

L'interférence de la communication est un concept qui traverse plusieurs domaines, qu'il s'agisse de la linguistique, de la psychologie, ou même de la sociologie. À travers l'histoire, cette interférence a été analysée dans le cadre des interactions humaines, où la compréhension mutuelle est souvent perturbée par des facteurs externes ou internes. Mais qu'en est-il de l'interférence à un niveau prophétique, c'est-à-dire dans la transmission d'un message censé transcender le quotidien et toucher à des vérités supérieures?

La communication, fondamentalement, repose sur l'échange de signaux entre un émetteur et un récepteur. Ces signaux peuvent être verbaux ou non verbaux, et leur interprétation peut être altérée par de nombreux éléments, tels que le contexte, les émotions, les croyances et les attentes. Dans un cadre prophétique, il est essentiel de se demander comment ces éléments influencent la réception d'un message spirituel ou divin.

Tout d'abord, l'interférence peut surgir de la manière dont un message prophétique est formulé. Les visions et les révélations sont souvent empreintes de métaphores et de symbolisme, ce qui peut compliquer leur compréhension. L'auditeur, conscient de ses propres expériences et de son bagage culturel, est susceptible de projeter ses propres interprétations sur le message. Il en résulte une dilution ou une déformation du contenu original, où l'intention du prophète peut être obscurcie par les lunettes déformantes des croyances et des préjugés individuels.

Ensuite, les contextes socio-culturels peuvent également créer des interférences. Un message prophétique reçu dans un temps et un espace particuliers peut être interprété différemment en fonction des normes, des valeurs et des attentes de la société. Par exemple, certaines proclamations spirituelles peuvent résonner puissamment dans une communauté croyante, tandis qu'elles seront rejetées ou mal comprises dans un autre contexte où les idéaux sont radicalement différents.

De plus, les acteurs impliqués dans la communication prophétique — le prophète lui-même et ses interlocuteurs — apportent leur propre subjectivité à la table. Le charisme du prophète, sa réputation et son autorité peuvent influencer la manière dont ses paroles sont reçues. Cette dynamique de pouvoir est à la fois un facilitateur et un inhibiteur de la communication; un prophète respecté pourra voir ses visions acceptées sans contestation, alors qu'un message émanant d'une figure contestée pourrait être accueilli avec scepticisme.

Enfin, l'interférence de la communication au niveau prophétique soulève des questions éthiques et morales. La responsabilité de transmettre un message clair et fidèle à la source de l'inspiration repose non seulement sur le prophète, mais également sur ceux qui le reçoivent. Le risque de désinformation, que ce soit intentionnellement ou non, pose un défi de taille à la légitimité des communications spirituelles. Dans un monde saturé d'informations où la vérité est souvent relative, discernement et sagesse sont des vertus essentielles.

interférence de la communication au niveau prophétique est une problématique complexe, où s'entremêlent les dimensions individuelles, culturelles et sociales. Pour préserver l'intégrité des messages transcendés, il est crucial de développer une pratique de communication qui valorise l'écoute active, le respect des divers horizons culturels, et une ouverture d'esprit qui permet un cheminement vers une compréhension plus profonde des vérités spirituelles.

INVITATION À EXPLORER LA CONNECTIVITÉ SPIRITUELLE POUR ENRICHIR SON PARCOURS PERSONNEL

Dans un monde souvent en proie à la frénésie et à l'isolement, la quête de sens et de connexion spirituelle prend une ampleur croissante. Nombreux sont ceux qui ressentent le besoin de se reconnecter à quelque chose de plus grand qu'eux, que ce soit à travers la nature, les relations humaines, ou des pratiques spirituelles. Cette invitation à explorer la connectivité spirituelle vise à guider chacun dans un voyage intérieur qui enrichira non seulement son parcours personnel, mais aussi sa compréhension des autres et de l'univers.

I. La quête de la connectivité spirituelle

La connectivité spirituelle ne se limite pas à une seule définition; elle englobe une multitude d'expériences qui nous rapprochent de notre essence. Pour certains, cela peut se manifester par la méditation, le yoga, ou d'autres formes de pratiques contemplatives. Pour d'autres, la spiritualité est vécue à travers des interactions profondes avec la nature, la contemplation des merveilles de l'univers, ou encore des relations authentiques avec autrui.

Cette quête de connectivité n'est pas juste un chemin individuel; elle se trouve souvent à l'intersection de diverses cultures et traditions spirituelles. La richesse de ces différentes perspectives nous rappelle que l'humain a toujours cherché une forme de communion, que ce soit avec le divin, la nature ou notre propre moi intérieur.

En s'ouvrant à ces différentes consciences, nous pouvons enrichir notre propre cheminement personnel.

1.1 Le pouvoir des rituels

Les rituels jouent un rôle fondamental dans la connectivité spirituelle. Qu'ils soient quotidiens ou saisonniers, les rituels nous ancrent et nous rappellent notre intention de vivre une existence significative. Qu'il s'agisse d'une simple routine matinale de gratitude, d'une cérémonie marquant un moment important de la vie, ou de l'observation des cycles naturels, ces gestes, même simples, peuvent devenir des puissants vecteurs de transformation intérieure.

Réfléchissez à des rituels que vous pourriez intégrer dans votre quotidien. Quels moments particuliers méritez-vous de célébrer? Comment pourriez-vous marquer un passage ou une intention dans votre vie? À travers la mise en place consciente de rituels, nous donnons un sens et une structure à notre expérience spirituelle.

2.1 La nature comme miroir de notre âme

La nature se présente comme un guide intemporel dans notre quête de connectivité spirituelle. En prenant le temps d'observer la beauté des paysages, les cycles des saisons, et l'harmonie des écosystèmes, nous avons l'opportunité de nous connecter à une réalité plus vaste que notre existence quotidienne. La nature, avec sa complexité et sa simplicité, nous rappelle les sages enseignements sur le lâcher-prise, la patience et l'émerveillement.

Profiter d'un moment de calme en pleine nature peut devenir une pratique spirituelle à part entière. Que ce soit par une simple promenade, une randonnée en montagne, ou un moment passé sur une plage, ces expériences nourrissent notre quête intérieure. En nous ouvrant à l'énergie de la terre, nous pouvons souvent avoir accès à une clarté et une paix intérieure qui nourrissent notre cheminement personnel.

2.2 La connexion aux autres

En parallèle, notre connectivité spirituelle s'aurore aussi à travers nos interactions avec les autres. Les relations humaines, qu'elles soient amicales, familiales ou amoureuses, sont souvent les espaces où nous expérimentons le plus notre humanité. En cultivant des relations authentiques, basées sur l'écoute et la compréhension, nous enrichissons notre parcours personnel et archives une forme de spiritualité relationnelle.

l est important de pratiquer l'art de la vulnérabilité et de l'empathie dans nos interactions. Le partage de nos expériences, de nos peurs et de nos espoirs, crée des ponts qui nous rapprochent les uns des autres. L'écoute active et non-jugeante est un don que nous pouvons faire aux autres, tout en nous ouvrant nous-mêmes à des perspectives différentes.

3.1   L'introspection comme cheminement

Enfin, l'introspection est une dimension essentielle de la connectivité spirituelle. À travers des pratiques telles que le journaling, la méditation, ou la contemplation, chacun peut développer une relation plus profonde avec soi-même. C'est un voyage vers l'intérieur, qui nous permet d'explorer nos pensées, nos émotions et nos croyances.

En confrontant nos ombres et en mettant en lumière nos forces, nous pouvons mieux comprendre notre place dans le monde. Cette connaissance de soi, qui découle de l'introspection, nous rend plus conscients de nos réactions face aux événements de la vie, et nous permet de réagir de manière plus authentique et alignée avec nos valeurs.

La connectivité spirituelle est un cheminement personnel riche et varié, ancré dans l'expérience humaine. En explorant les différentes dimensions de cette connectivité – à travers les rituels, la nature, les relations et l'introspection – nous avons l'opportunité d'enrichir notre parcours personnel.

Chaque individu est invité à définir ce que signifie pour lui la spiritualité et la connectivité, à s'expérimenter à travers les pratiques qui résonnent avec son âme. Dans l'ouverture d'esprit et le respect de la diversité des expériences, nous découvrons, au-delà de la solitude et de l'angoisse, la beauté d'une humanité partagée, d'un voyage collectif vers un sens plus profond de la vie. Embrassons cette invitation à explorer et à célébrer notre connectivité spirituelle, et laissons cette exploration nourrir notre existence.

ANNEXÉES

1.   Fréquence prophétique   : L'idée de fréquence prophétique renvoie à une manière de percevoir le monde qui va au-delà du phénomène matériel. Cela implique une capacité à ressentir des vérités profondes, des significations sous-jacentes et des appels à l'action qui ne sont pas immédiatement évidents.

2.   Contexte historique et culturel   : À travers les âges, différentes cultures, religions et philosophies ont valorisé l'intuition, la clairvoyance et la capacité d'interpréter des signes. Des figures emblématiques, qu'elles soient religieuses, artistiques ou visionnaires, ont souvent servi de canaux pour ces perceptions approfondies.

3.   Importance de la sensibilité : Dans une époque saturée d'informations et de stimuli, la capacité de distinguer le bruit ambiant des vérités essentielles devient primordiale. Cultiver une sensibilité à cette fréquence permet de mieux naviguer dans nos vies personnelles et collectives.

4.   Méditation et introspection : Pratiquer la méditation et des formes d'introspection peut aider à développer cette sensibilité. En nous immergeant dans des moments de silence, nous ouvrons la voie à des réflexions plus profondes et à une meilleure compréhension de nos émotions et des besoins des autres.

5.   Art et expression créative : L'art est souvent un moyen puissant de capter et de transmettre la fréquence prophétique. Les artistes, par leur sensibilité et leur créativité, deviennent des interprètes du monde spirituel et émotionnel, touchant à des vérités universelles qui résonnent largement.

6. Engagement social et responsabilité : Cette sensibilité ne doit pas rester une expérience passive ; elle doit se traduire par des actions conscientes et responsables. Prendre conscience des enjeux sociétaux et environnementaux à travers cette lentille spirituelle peut promouvoir des changements positifs dans nos communautés.

7. Éducation et transmission : Les systèmes éducatifs jouent un rôle essentiel dans la façon dont les jeunes apprennent à percevoir et à valoriser la fréquence prophétique. Encourager des approches holistiques dans l'éducation peut préparer les futures générations à être des penseurs critiques et des agents de changement.

CONTENU

Introduction
- Définition de la fréquence prophétique.
- Importance de la connectivité spirituelle dans les expériences humaines.
- Présentation de l'argument principal : la fréquence prophétique comme moyen de navigation spirituelle.

I.   La fréquence comme code de la connectivité spirituelle
A.   Les différentes interprétations de la fréquence
   1   . Fréquence en sciences naturelles
   2   . Fréquence en statistiques
   3. . Fréquence en psychologie
   4   . Fréquence en musique et arts
   5   . Fréquence en technologie

   1. Concept scientifique : vibrations et ondes.
     1. Les vibrations : une manifestation de l'énergie
     2. Les ondes : les transports d'energie
     3. Interactions entre vibrations et ondes
     4. Une unité fondamentale du monde physique

   2. Dimension spirituelle : intuition et acute intérieure.
B.   La fréquence dans diverses traditions spirituelles
   1. Rituels et pratiques spirituelles.
   2. Symbolisme et représentations dans l'art et la culture

II. La respiration spirituelle : un rythme à écouter
A. L'importance de la respiration dans la méditation et la prière
   1. Techniques de respiration pour atteindre des états de conscience élevés.
   2. Effets bénéfiques de la respiration consciente sur la santé mentale.
B. La respiration comme métaphore de la fréquence prophétique
   1. Flux et reflux de l'énergie spirituelle.
   2. Alignement avec son environnement et les autres.

III. La fréquence prophétique comme courant navigatoire
A. Guidage spirituel à travers la fréquence
   1. Perception des signes et des synchronicités.
   2. Rôle des mentors et des guides spirituels dans la navigation.
B. Les enjeux de la connexion spirituelle
   1. Écoute des avertissements et des directionnements intérieurs.
   2. Intégration des enseignements pour un changement positif.

BIBLIOGRAPHIE

Née à Kinshasa le 04. 04. 1999 , dans une famille plébéienne, le prophète ken e. bola est un étudiant à l'université des sciences de l'information et la communication UNISIC ex IFASIC , enfant de Dieu et prophète du ministère, écrivain et auteur compositeur de plusieurs ouvrages christo-centrique, il est leader de l'association des jeunes talentueux AJT , prioritaire de l'entreprise de presse et maison éditoriale PI CONSULTING , conférencier et entrepreneur , rédacteur en chef dans un média indépendant, fils spirituel du Rev. Pasteur Ezechiel D. Lumeka , et son épouse Mado Nguko ft. Ditona

I want morebooks!

Buy your books fast and straightforward online - at one of world's fastest growing online book stores! Environmentally sound due to Print-on-Demand technologies.

Buy your books online at
www.morebooks.shop

Achetez vos livres en ligne, vite et bien, sur l'une des librairies en ligne les plus performantes au monde!
En protégeant nos ressources et notre environnement grâce à l'impression à la demande.

La librairie en ligne pour acheter plus vite
www.morebooks.shop

Printed by Books on Demand GmbH, Norderstedt / Germany